Just because you love the word moist,

Enjoy!

Moist Moist Moist Moist Moist Moist Moist Moist Moist Moist
Moist Moist Moist Moist Moist Moist Moist Moist Moist Moist
Moist Moist Moist Moist Moist Moist Moist Moist Moist Moist
Moist Moist Moist Moist Moist Moist Moist Moist Moist Moist
Moist Moist Moist Moist Moist Moist Moist Moist Moist Moist
Moist Moist Moist Moist Moist Moist Moist Moist Moist Moist
Moist Moist Moist Moist Moist Moist Moist Moist Moist Moist
Moist Moist Moist Moist Moist Moist Moist Moist Moist Moist
Moist Moist Moist Moist Moist Moist Moist Moist Moist Moist
Moist Moist Moist Moist Moist Moist Moist Moist Moist Moist
Moist Moist Moist Moist Moist Moist Moist Moist Moist Moist
Moist Moist Moist Moist Moist Moist Moist Moist Moist Moist
Moist Moist Moist Moist Moist Moist Moist Moist Moist Moist
Moist Moist Moist Moist Moist Moist Moist Moist Moist Moist
Moist Moist Moist Moist Moist Moist Moist Moist Moist Moist
Moist Moist Moist Moist Moist Moist Moist Moist Moist Moist
Moist Moist Moist Moist Moist Moist Moist Moist Moist Moist
Moist Moist Moist Moist Moist Moist Moist Moist Moist Moist

Moist Moist Moist Moist Moist Moist Moist Moist Moist Moist
Moist Moist Moist Moist Moist Moist Moist Moist Moist Moist
Moist Moist Moist Moist Moist Moist Moist Moist Moist Moist
Moist Moist Moist Moist Moist Moist Moist Moist Moist Moist
Moist Moist Moist Moist Moist Moist Moist Moist Moist Moist
Moist Moist Moist Moist Moist Moist Moist Moist Moist Moist
Moist Moist Moist Moist Moist Moist Moist Moist Moist Moist
Moist Moist Moist Moist Moist Moist Moist Moist Moist Moist
Moist Moist Moist Moist Moist Moist Moist Moist Moist Moist
Moist Moist Moist Moist Moist Moist Moist Moist Moist Moist
Moist Moist Moist Moist Moist Moist Moist Moist Moist Moist
Moist Moist Moist Moist Moist Moist Moist Moist Moist Moist
Moist Moist Moist Moist Moist Moist Moist Moist Moist Moist
Moist Moist Moist Moist Moist Moist Moist Moist Moist Moist
Moist Moist Moist Moist Moist Moist Moist Moist Moist Moist
Moist Moist Moist Moist Moist Moist Moist Moist Moist Moist
Moist Moist Moist Moist Moist Moist Moist Moist Moist Moist
Moist Moist Moist Moist Moist Moist Moist Moist Moist Moist

Moist Moist Moist Moist Moist Moist Moist Moist Moist Moist
Moist Moist Moist Moist Moist Moist Moist Moist Moist Moist
Moist Moist Moist Moist Moist Moist Moist Moist Moist Moist
Moist Moist Moist Moist Moist Moist Moist Moist Moist Moist
Moist Moist Moist Moist Moist Moist Moist Moist Moist Moist
Moist Moist Moist Moist Moist Moist Moist Moist Moist Moist
Moist Moist Moist Moist Moist Moist Moist Moist Moist Moist
Moist Moist Moist Moist Moist Moist Moist Moist Moist Moist
Moist Moist Moist Moist Moist Moist Moist Moist Moist Moist
Moist Moist Moist Moist Moist Moist Moist Moist Moist Moist
Moist Moist Moist Moist Moist Moist Moist Moist Moist Moist
Moist Moist Moist Moist Moist Moist Moist Moist Moist Moist
Moist Moist Moist Moist Moist Moist Moist Moist Moist Moist
Moist Moist Moist Moist Moist Moist Moist Moist Moist Moist
Moist Moist Moist Moist Moist Moist Moist Moist Moist Moist
Moist Moist Moist Moist Moist Moist Moist Moist Moist Moist
Moist Moist Moist Moist Moist Moist Moist Moist Moist Moist
Moist Moist Moist Moist Moist Moist Moist Moist Moist Moist

Moist Moist Moist Moist Moist Moist Moist Moist Moist Moist
Moist Moist Moist Moist Moist Moist Moist Moist Moist Moist
Moist Moist Moist Moist Moist Moist Moist Moist Moist Moist
Moist Moist Moist Moist Moist Moist Moist Moist Moist Moist
Moist Moist Moist Moist Moist Moist Moist Moist Moist Moist
Moist Moist Moist Moist Moist Moist Moist Moist Moist Moist
Moist Moist Moist Moist Moist Moist Moist Moist Moist Moist
Moist Moist Moist Moist Moist Moist Moist Moist Moist Moist
Moist Moist Moist Moist Moist Moist Moist Moist Moist Moist
Moist Moist Moist Moist Moist Moist Moist Moist Moist Moist
Moist Moist Moist Moist Moist Moist Moist Moist Moist Moist
Moist Moist Moist Moist Moist Moist Moist Moist Moist Moist
Moist Moist Moist Moist Moist Moist Moist Moist Moist Moist
Moist Moist Moist Moist Moist Moist Moist Moist Moist Moist
Moist Moist Moist Moist Moist Moist Moist Moist Moist Moist
Moist Moist Moist Moist Moist Moist Moist Moist Moist Moist
Moist Moist Moist Moist Moist Moist Moist Moist Moist Moist
Moist Moist Moist Moist Moist Moist Moist Moist Moist Moist

Moist Moist Moist Moist Moist Moist Moist Moist Moist Moist
Moist Moist Moist Moist Moist Moist Moist Moist Moist Moist
Moist Moist Moist Moist Moist Moist Moist Moist Moist Moist
Moist Moist Moist Moist Moist Moist Moist Moist Moist Moist
Moist Moist Moist Moist Moist Moist Moist Moist Moist Moist
Moist Moist Moist Moist Moist Moist Moist Moist Moist Moist
Moist Moist Moist Moist Moist Moist Moist Moist Moist Moist
Moist Moist Moist Moist Moist Moist Moist Moist Moist Moist
Moist Moist Moist Moist Moist Moist Moist Moist Moist Moist
Moist Moist Moist Moist Moist Moist Moist Moist Moist Moist
Moist Moist Moist Moist Moist Moist Moist Moist Moist Moist
Moist Moist Moist Moist Moist Moist Moist Moist Moist Moist
Moist Moist Moist Moist Moist Moist Moist Moist Moist Moist
Moist Moist Moist Moist Moist Moist Moist Moist Moist Moist
Moist Moist Moist Moist Moist Moist Moist Moist Moist Moist
Moist Moist Moist Moist Moist Moist Moist Moist Moist Moist
Moist Moist Moist Moist Moist Moist Moist Moist Moist Moist
Moist Moist Moist Moist Moist Moist Moist Moist Moist Moist

Moist Moist Moist Moist Moist Moist Moist Moist Moist Moist
Moist Moist Moist Moist Moist Moist Moist Moist Moist Moist
Moist Moist Moist Moist Moist Moist Moist Moist Moist Moist
Moist Moist Moist Moist Moist Moist Moist Moist Moist Moist
Moist Moist Moist Moist Moist Moist Moist Moist Moist Moist
Moist Moist Moist Moist Moist Moist Moist Moist Moist Moist
Moist Moist Moist Moist Moist Moist Moist Moist Moist Moist
Moist Moist Moist Moist Moist Moist Moist Moist Moist Moist
Moist Moist Moist Moist Moist Moist Moist Moist Moist Moist
Moist Moist Moist Moist Moist Moist Moist Moist Moist Moist
Moist Moist Moist Moist Moist Moist Moist Moist Moist Moist
Moist Moist Moist Moist Moist Moist Moist Moist Moist Moist
Moist Moist Moist Moist Moist Moist Moist Moist Moist Moist
Moist Moist Moist Moist Moist Moist Moist Moist Moist Moist
Moist Moist Moist Moist Moist Moist Moist Moist Moist Moist
Moist Moist Moist Moist Moist Moist Moist Moist Moist Moist
Moist Moist Moist Moist Moist Moist Moist Moist Moist Moist
Moist Moist Moist Moist Moist Moist Moist Moist Moist Moist

Moist Moist Moist Moist Moist Moist Moist Moist Moist Moist
Moist Moist Moist Moist Moist Moist Moist Moist Moist Moist
Moist Moist Moist Moist Moist Moist Moist Moist Moist Moist
Moist Moist Moist Moist Moist Moist Moist Moist Moist Moist
Moist Moist Moist Moist Moist Moist Moist Moist Moist Moist
Moist Moist Moist Moist Moist Moist Moist Moist Moist Moist
Moist Moist Moist Moist Moist Moist Moist Moist Moist Moist
Moist Moist Moist Moist Moist Moist Moist Moist Moist Moist
Moist Moist Moist Moist Moist Moist Moist Moist Moist Moist
Moist Moist Moist Moist Moist Moist Moist Moist Moist Moist
Moist Moist Moist Moist Moist Moist Moist Moist Moist Moist
Moist Moist Moist Moist Moist Moist Moist Moist Moist Moist
Moist Moist Moist Moist Moist Moist Moist Moist Moist Moist
Moist Moist Moist Moist Moist Moist Moist Moist Moist Moist
Moist Moist Moist Moist Moist Moist Moist Moist Moist Moist
Moist Moist Moist Moist Moist Moist Moist Moist Moist Moist
Moist Moist Moist Moist Moist Moist Moist Moist Moist Moist
Moist Moist Moist Moist Moist Moist Moist Moist Moist Moist

Moist Moist Moist Moist Moist Moist Moist Moist Moist Moist
Moist Moist Moist Moist Moist Moist Moist Moist Moist Moist
Moist Moist Moist Moist Moist Moist Moist Moist Moist Moist
Moist Moist Moist Moist Moist Moist Moist Moist Moist Moist
Moist Moist Moist Moist Moist Moist Moist Moist Moist Moist
Moist Moist Moist Moist Moist Moist Moist Moist Moist Moist
Moist Moist Moist Moist Moist Moist Moist Moist Moist Moist
Moist Moist Moist Moist Moist Moist Moist Moist Moist Moist
Moist Moist Moist Moist Moist Moist Moist Moist Moist Moist
Moist Moist Moist Moist Moist Moist Moist Moist Moist Moist
Moist Moist Moist Moist Moist Moist Moist Moist Moist Moist
Moist Moist Moist Moist Moist Moist Moist Moist Moist Moist
Moist Moist Moist Moist Moist Moist Moist Moist Moist Moist
Moist Moist Moist Moist Moist Moist Moist Moist Moist Moist
Moist Moist Moist Moist Moist Moist Moist Moist Moist Moist
Moist Moist Moist Moist Moist Moist Moist Moist Moist Moist
Moist Moist Moist Moist Moist Moist Moist Moist Moist Moist
Moist Moist Moist Moist Moist Moist Moist Moist Moist Moist

Moist Moist Moist Moist Moist Moist Moist Moist Moist Moist
Moist Moist Moist Moist Moist Moist Moist Moist Moist Moist
Moist Moist Moist Moist Moist Moist Moist Moist Moist Moist
Moist Moist Moist Moist Moist Moist Moist Moist Moist Moist
Moist Moist Moist Moist Moist Moist Moist Moist Moist Moist
Moist Moist Moist Moist Moist Moist Moist Moist Moist Moist
Moist Moist Moist Moist Moist Moist Moist Moist Moist Moist
Moist Moist Moist Moist Moist Moist Moist Moist Moist Moist
Moist Moist Moist Moist Moist Moist Moist Moist Moist Moist
Moist Moist Moist Moist Moist Moist Moist Moist Moist Moist
Moist Moist Moist Moist Moist Moist Moist Moist Moist Moist
Moist Moist Moist Moist Moist Moist Moist Moist Moist Moist
Moist Moist Moist Moist Moist Moist Moist Moist Moist Moist
Moist Moist Moist Moist Moist Moist Moist Moist Moist Moist
Moist Moist Moist Moist Moist Moist Moist Moist Moist Moist
Moist Moist Moist Moist Moist Moist Moist Moist Moist Moist
Moist Moist Moist Moist Moist Moist Moist Moist Moist Moist
Moist Moist Moist Moist Moist Moist Moist Moist Moist Moist

Moist Moist Moist Moist Moist Moist Moist Moist Moist Moist
Moist Moist Moist Moist Moist Moist Moist Moist Moist Moist
Moist Moist Moist Moist Moist Moist Moist Moist Moist Moist
Moist Moist Moist Moist Moist Moist Moist Moist Moist Moist
Moist Moist Moist Moist Moist Moist Moist Moist Moist Moist
Moist Moist Moist Moist Moist Moist Moist Moist Moist Moist
Moist Moist Moist Moist Moist Moist Moist Moist Moist Moist
Moist Moist Moist Moist Moist Moist Moist Moist Moist Moist
Moist Moist Moist Moist Moist Moist Moist Moist Moist Moist
Moist Moist Moist Moist Moist Moist Moist Moist Moist Moist
Moist Moist Moist Moist Moist Moist Moist Moist Moist Moist
Moist Moist Moist Moist Moist Moist Moist Moist Moist Moist
Moist Moist Moist Moist Moist Moist Moist Moist Moist Moist
Moist Moist Moist Moist Moist Moist Moist Moist Moist Moist
Moist Moist Moist Moist Moist Moist Moist Moist Moist Moist
Moist Moist Moist Moist Moist Moist Moist Moist Moist Moist
Moist Moist Moist Moist Moist Moist Moist Moist Moist Moist
Moist Moist Moist Moist Moist Moist Moist Moist Moist Moist

Moist Moist Moist Moist Moist Moist Moist Moist Moist Moist
Moist Moist Moist Moist Moist Moist Moist Moist Moist Moist
Moist Moist Moist Moist Moist Moist Moist Moist Moist Moist
Moist Moist Moist Moist Moist Moist Moist Moist Moist Moist
Moist Moist Moist Moist Moist Moist Moist Moist Moist Moist
Moist Moist Moist Moist Moist Moist Moist Moist Moist Moist
Moist Moist Moist Moist Moist Moist Moist Moist Moist Moist
Moist Moist Moist Moist Moist Moist Moist Moist Moist Moist
Moist Moist Moist Moist Moist Moist Moist Moist Moist Moist
Moist Moist Moist Moist Moist Moist Moist Moist Moist Moist
Moist Moist Moist Moist Moist Moist Moist Moist Moist Moist
Moist Moist Moist Moist Moist Moist Moist Moist Moist Moist
Moist Moist Moist Moist Moist Moist Moist Moist Moist Moist
Moist Moist Moist Moist Moist Moist Moist Moist Moist Moist
Moist Moist Moist Moist Moist Moist Moist Moist Moist Moist
Moist Moist Moist Moist Moist Moist Moist Moist Moist Moist
Moist Moist Moist Moist Moist Moist Moist Moist Moist Moist
Moist Moist Moist Moist Moist Moist Moist Moist Moist Moist

Moist Moist Moist Moist Moist Moist Moist Moist Moist Moist
Moist Moist Moist Moist Moist Moist Moist Moist Moist Moist
Moist Moist Moist Moist Moist Moist Moist Moist Moist Moist
Moist Moist Moist Moist Moist Moist Moist Moist Moist Moist
Moist Moist Moist Moist Moist Moist Moist Moist Moist Moist
Moist Moist Moist Moist Moist Moist Moist Moist Moist Moist
Moist Moist Moist Moist Moist Moist Moist Moist Moist Moist
Moist Moist Moist Moist Moist Moist Moist Moist Moist Moist
Moist Moist Moist Moist Moist Moist Moist Moist Moist Moist
Moist Moist Moist Moist Moist Moist Moist Moist Moist Moist
Moist Moist Moist Moist Moist Moist Moist Moist Moist Moist
Moist Moist Moist Moist Moist Moist Moist Moist Moist Moist
Moist Moist Moist Moist Moist Moist Moist Moist Moist Moist
Moist Moist Moist Moist Moist Moist Moist Moist Moist Moist
Moist Moist Moist Moist Moist Moist Moist Moist Moist Moist
Moist Moist Moist Moist Moist Moist Moist Moist Moist Moist
Moist Moist Moist Moist Moist Moist Moist Moist Moist Moist
Moist Moist Moist Moist Moist Moist Moist Moist Moist Moist

Moist Moist Moist Moist Moist Moist Moist Moist Moist Moist
Moist Moist Moist Moist Moist Moist Moist Moist Moist Moist
Moist Moist Moist Moist Moist Moist Moist Moist Moist Moist
Moist Moist Moist Moist Moist Moist Moist Moist Moist Moist
Moist Moist Moist Moist Moist Moist Moist Moist Moist Moist
Moist Moist Moist Moist Moist Moist Moist Moist Moist Moist
Moist Moist Moist Moist Moist Moist Moist Moist Moist Moist
Moist Moist Moist Moist Moist Moist Moist Moist Moist Moist
Moist Moist Moist Moist Moist Moist Moist Moist Moist Moist
Moist Moist Moist Moist Moist Moist Moist Moist Moist Moist
Moist Moist Moist Moist Moist Moist Moist Moist Moist Moist
Moist Moist Moist Moist Moist Moist Moist Moist Moist Moist
Moist Moist Moist Moist Moist Moist Moist Moist Moist Moist
Moist Moist Moist Moist Moist Moist Moist Moist Moist Moist
Moist Moist Moist Moist Moist Moist Moist Moist Moist Moist
Moist Moist Moist Moist Moist Moist Moist Moist Moist Moist
Moist Moist Moist Moist Moist Moist Moist Moist Moist Moist
Moist Moist Moist Moist Moist Moist Moist Moist Moist Moist

Moist Moist Moist Moist Moist Moist Moist Moist Moist Moist
Moist Moist Moist Moist Moist Moist Moist Moist Moist Moist
Moist Moist Moist Moist Moist Moist Moist Moist Moist Moist
Moist Moist Moist Moist Moist Moist Moist Moist Moist Moist
Moist Moist Moist Moist Moist Moist Moist Moist Moist Moist
Moist Moist Moist Moist Moist Moist Moist Moist Moist Moist
Moist Moist Moist Moist Moist Moist Moist Moist Moist Moist
Moist Moist Moist Moist Moist Moist Moist Moist Moist Moist
Moist Moist Moist Moist Moist Moist Moist Moist Moist Moist
Moist Moist Moist Moist Moist Moist Moist Moist Moist Moist
Moist Moist Moist Moist Moist Moist Moist Moist Moist Moist
Moist Moist Moist Moist Moist Moist Moist Moist Moist Moist
Moist Moist Moist Moist Moist Moist Moist Moist Moist Moist
Moist Moist Moist Moist Moist Moist Moist Moist Moist Moist
Moist Moist Moist Moist Moist Moist Moist Moist Moist Moist
Moist Moist Moist Moist Moist Moist Moist Moist Moist Moist
Moist Moist Moist Moist Moist Moist Moist Moist Moist Moist
Moist Moist Moist Moist Moist Moist Moist Moist Moist Moist

Moist Moist Moist Moist Moist Moist Moist Moist Moist Moist
Moist Moist Moist Moist Moist Moist Moist Moist Moist Moist
Moist Moist Moist Moist Moist Moist Moist Moist Moist Moist
Moist Moist Moist Moist Moist Moist Moist Moist Moist Moist
Moist Moist Moist Moist Moist Moist Moist Moist Moist Moist
Moist Moist Moist Moist Moist Moist Moist Moist Moist Moist
Moist Moist Moist Moist Moist Moist Moist Moist Moist Moist
Moist Moist Moist Moist Moist Moist Moist Moist Moist Moist
Moist Moist Moist Moist Moist Moist Moist Moist Moist Moist
Moist Moist Moist Moist Moist Moist Moist Moist Moist Moist
Moist Moist Moist Moist Moist Moist Moist Moist Moist Moist
Moist Moist Moist Moist Moist Moist Moist Moist Moist Moist
Moist Moist Moist Moist Moist Moist Moist Moist Moist Moist
Moist Moist Moist Moist Moist Moist Moist Moist Moist Moist
Moist Moist Moist Moist Moist Moist Moist Moist Moist Moist
Moist Moist Moist Moist Moist Moist Moist Moist Moist Moist
Moist Moist Moist Moist Moist Moist Moist Moist Moist Moist
Moist Moist Moist Moist Moist Moist Moist Moist Moist Moist

Moist Moist Moist Moist Moist Moist Moist Moist Moist Moist
Moist Moist Moist Moist Moist Moist Moist Moist Moist Moist
Moist Moist Moist Moist Moist Moist Moist Moist Moist Moist
Moist Moist Moist Moist Moist Moist Moist Moist Moist Moist
Moist Moist Moist Moist Moist Moist Moist Moist Moist Moist
Moist Moist Moist Moist Moist Moist Moist Moist Moist Moist
Moist Moist Moist Moist Moist Moist Moist Moist Moist Moist
Moist Moist Moist Moist Moist Moist Moist Moist Moist Moist
Moist Moist Moist Moist Moist Moist Moist Moist Moist Moist
Moist Moist Moist Moist Moist Moist Moist Moist Moist Moist
Moist Moist Moist Moist Moist Moist Moist Moist Moist Moist
Moist Moist Moist Moist Moist Moist Moist Moist Moist Moist
Moist Moist Moist Moist Moist Moist Moist Moist Moist Moist
Moist Moist Moist Moist Moist Moist Moist Moist Moist Moist
Moist Moist Moist Moist Moist Moist Moist Moist Moist Moist
Moist Moist Moist Moist Moist Moist Moist Moist Moist Moist
Moist Moist Moist Moist Moist Moist Moist Moist Moist Moist
Moist Moist Moist Moist Moist Moist Moist Moist Moist Moist

Moist Moist Moist Moist Moist Moist Moist Moist Moist Moist
Moist Moist Moist Moist Moist Moist Moist Moist Moist Moist
Moist Moist Moist Moist Moist Moist Moist Moist Moist Moist
Moist Moist Moist Moist Moist Moist Moist Moist Moist Moist
Moist Moist Moist Moist Moist Moist Moist Moist Moist Moist
Moist Moist Moist Moist Moist Moist Moist Moist Moist Moist
Moist Moist Moist Moist Moist Moist Moist Moist Moist Moist
Moist Moist Moist Moist Moist Moist Moist Moist Moist Moist
Moist Moist Moist Moist Moist Moist Moist Moist Moist Moist
Moist Moist Moist Moist Moist Moist Moist Moist Moist Moist
Moist Moist Moist Moist Moist Moist Moist Moist Moist Moist
Moist Moist Moist Moist Moist Moist Moist Moist Moist Moist
Moist Moist Moist Moist Moist Moist Moist Moist Moist Moist
Moist Moist Moist Moist Moist Moist Moist Moist Moist Moist
Moist Moist Moist Moist Moist Moist Moist Moist Moist Moist
Moist Moist Moist Moist Moist Moist Moist Moist Moist Moist
Moist Moist Moist Moist Moist Moist Moist Moist Moist Moist
Moist Moist Moist Moist Moist Moist Moist Moist Moist Moist

Moist Moist Moist Moist Moist Moist Moist Moist Moist Moist
Moist Moist Moist Moist Moist Moist Moist Moist Moist Moist
Moist Moist Moist Moist Moist Moist Moist Moist Moist Moist
Moist Moist Moist Moist Moist Moist Moist Moist Moist Moist
Moist Moist Moist Moist Moist Moist Moist Moist Moist Moist
Moist Moist Moist Moist Moist Moist Moist Moist Moist Moist
Moist Moist Moist Moist Moist Moist Moist Moist Moist Moist
Moist Moist Moist Moist Moist Moist Moist Moist Moist Moist
Moist Moist Moist Moist Moist Moist Moist Moist Moist Moist
Moist Moist Moist Moist Moist Moist Moist Moist Moist Moist
Moist Moist Moist Moist Moist Moist Moist Moist Moist Moist
Moist Moist Moist Moist Moist Moist Moist Moist Moist Moist
Moist Moist Moist Moist Moist Moist Moist Moist Moist Moist
Moist Moist Moist Moist Moist Moist Moist Moist Moist Moist
Moist Moist Moist Moist Moist Moist Moist Moist Moist Moist
Moist Moist Moist Moist Moist Moist Moist Moist Moist Moist
Moist Moist Moist Moist Moist Moist Moist Moist Moist Moist
Moist Moist Moist Moist Moist Moist Moist Moist Moist Moist

Moist Moist Moist Moist Moist Moist Moist Moist Moist Moist
Moist Moist Moist Moist Moist Moist Moist Moist Moist Moist
Moist Moist Moist Moist Moist Moist Moist Moist Moist Moist
Moist Moist Moist Moist Moist Moist Moist Moist Moist Moist
Moist Moist Moist Moist Moist Moist Moist Moist Moist Moist
Moist Moist Moist Moist Moist Moist Moist Moist Moist Moist
Moist Moist Moist Moist Moist Moist Moist Moist Moist Moist
Moist Moist Moist Moist Moist Moist Moist Moist Moist Moist
Moist Moist Moist Moist Moist Moist Moist Moist Moist Moist
Moist Moist Moist Moist Moist Moist Moist Moist Moist Moist
Moist Moist Moist Moist Moist Moist Moist Moist Moist Moist
Moist Moist Moist Moist Moist Moist Moist Moist Moist Moist
Moist Moist Moist Moist Moist Moist Moist Moist Moist Moist
Moist Moist Moist Moist Moist Moist Moist Moist Moist Moist
Moist Moist Moist Moist Moist Moist Moist Moist Moist Moist
Moist Moist Moist Moist Moist Moist Moist Moist Moist Moist
Moist Moist Moist Moist Moist Moist Moist Moist Moist Moist
Moist Moist Moist Moist Moist Moist Moist Moist Moist Moist

Moist Moist Moist Moist Moist Moist Moist Moist Moist Moist
Moist Moist Moist Moist Moist Moist Moist Moist Moist Moist
Moist Moist Moist Moist Moist Moist Moist Moist Moist Moist
Moist Moist Moist Moist Moist Moist Moist Moist Moist Moist
Moist Moist Moist Moist Moist Moist Moist Moist Moist Moist
Moist Moist Moist Moist Moist Moist Moist Moist Moist Moist
Moist Moist Moist Moist Moist Moist Moist Moist Moist Moist
Moist Moist Moist Moist Moist Moist Moist Moist Moist Moist
Moist Moist Moist Moist Moist Moist Moist Moist Moist Moist
Moist Moist Moist Moist Moist Moist Moist Moist Moist Moist
Moist Moist Moist Moist Moist Moist Moist Moist Moist Moist
Moist Moist Moist Moist Moist Moist Moist Moist Moist Moist
Moist Moist Moist Moist Moist Moist Moist Moist Moist Moist
Moist Moist Moist Moist Moist Moist Moist Moist Moist Moist
Moist Moist Moist Moist Moist Moist Moist Moist Moist Moist
Moist Moist Moist Moist Moist Moist Moist Moist Moist Moist
Moist Moist Moist Moist Moist Moist Moist Moist Moist Moist
Moist Moist Moist Moist Moist Moist Moist Moist Moist Moist

Moist Moist Moist Moist Moist Moist Moist Moist Moist Moist
Moist Moist Moist Moist Moist Moist Moist Moist Moist Moist
Moist Moist Moist Moist Moist Moist Moist Moist Moist Moist
Moist Moist Moist Moist Moist Moist Moist Moist Moist Moist
Moist Moist Moist Moist Moist Moist Moist Moist Moist Moist
Moist Moist Moist Moist Moist Moist Moist Moist Moist Moist
Moist Moist Moist Moist Moist Moist Moist Moist Moist Moist
Moist Moist Moist Moist Moist Moist Moist Moist Moist Moist
Moist Moist Moist Moist Moist Moist Moist Moist Moist Moist
Moist Moist Moist Moist Moist Moist Moist Moist Moist Moist
Moist Moist Moist Moist Moist Moist Moist Moist Moist Moist
Moist Moist Moist Moist Moist Moist Moist Moist Moist Moist
Moist Moist Moist Moist Moist Moist Moist Moist Moist Moist
Moist Moist Moist Moist Moist Moist Moist Moist Moist Moist
Moist Moist Moist Moist Moist Moist Moist Moist Moist Moist
Moist Moist Moist Moist Moist Moist Moist Moist Moist Moist
Moist Moist Moist Moist Moist Moist Moist Moist Moist Moist
Moist Moist Moist Moist Moist Moist Moist Moist Moist Moist

Moist Moist Moist Moist Moist Moist Moist Moist Moist Moist
Moist Moist Moist Moist Moist Moist Moist Moist Moist Moist
Moist Moist Moist Moist Moist Moist Moist Moist Moist Moist
Moist Moist Moist Moist Moist Moist Moist Moist Moist Moist
Moist Moist Moist Moist Moist Moist Moist Moist Moist Moist
Moist Moist Moist Moist Moist Moist Moist Moist Moist Moist
Moist Moist Moist Moist Moist Moist Moist Moist Moist Moist
Moist Moist Moist Moist Moist Moist Moist Moist Moist Moist
Moist Moist Moist Moist Moist Moist Moist Moist Moist Moist
Moist Moist Moist Moist Moist Moist Moist Moist Moist Moist
Moist Moist Moist Moist Moist Moist Moist Moist Moist Moist
Moist Moist Moist Moist Moist Moist Moist Moist Moist Moist
Moist Moist Moist Moist Moist Moist Moist Moist Moist Moist
Moist Moist Moist Moist Moist Moist Moist Moist Moist Moist
Moist Moist Moist Moist Moist Moist Moist Moist Moist Moist
Moist Moist Moist Moist Moist Moist Moist Moist Moist Moist
Moist Moist Moist Moist Moist Moist Moist Moist Moist Moist
Moist Moist Moist Moist Moist Moist Moist Moist Moist Moist

Moist Moist Moist Moist Moist Moist Moist Moist Moist Moist
Moist Moist Moist Moist Moist Moist Moist Moist Moist Moist
Moist Moist Moist Moist Moist Moist Moist Moist Moist Moist
Moist Moist Moist Moist Moist Moist Moist Moist Moist Moist
Moist Moist Moist Moist Moist Moist Moist Moist Moist Moist
Moist Moist Moist Moist Moist Moist Moist Moist Moist Moist
Moist Moist Moist Moist Moist Moist Moist Moist Moist Moist
Moist Moist Moist Moist Moist Moist Moist Moist Moist Moist
Moist Moist Moist Moist Moist Moist Moist Moist Moist Moist
Moist Moist Moist Moist Moist Moist Moist Moist Moist Moist
Moist Moist Moist Moist Moist Moist Moist Moist Moist Moist
Moist Moist Moist Moist Moist Moist Moist Moist Moist Moist
Moist Moist Moist Moist Moist Moist Moist Moist Moist Moist
Moist Moist Moist Moist Moist Moist Moist Moist Moist Moist
Moist Moist Moist Moist Moist Moist Moist Moist Moist Moist
Moist Moist Moist Moist Moist Moist Moist Moist Moist Moist
Moist Moist Moist Moist Moist Moist Moist Moist Moist Moist
Moist Moist Moist Moist Moist Moist Moist Moist Moist Moist

Moist Moist Moist Moist Moist Moist Moist Moist Moist Moist
Moist Moist Moist Moist Moist Moist Moist Moist Moist Moist
Moist Moist Moist Moist Moist Moist Moist Moist Moist Moist
Moist Moist Moist Moist Moist Moist Moist Moist Moist Moist
Moist Moist Moist Moist Moist Moist Moist Moist Moist Moist
Moist Moist Moist Moist Moist Moist Moist Moist Moist Moist
Moist Moist Moist Moist Moist Moist Moist Moist Moist Moist
Moist Moist Moist Moist Moist Moist Moist Moist Moist Moist
Moist Moist Moist Moist Moist Moist Moist Moist Moist Moist
Moist Moist Moist Moist Moist Moist Moist Moist Moist Moist
Moist Moist Moist Moist Moist Moist Moist Moist Moist Moist
Moist Moist Moist Moist Moist Moist Moist Moist Moist Moist
Moist Moist Moist Moist Moist Moist Moist Moist Moist Moist
Moist Moist Moist Moist Moist Moist Moist Moist Moist Moist
Moist Moist Moist Moist Moist Moist Moist Moist Moist Moist
Moist Moist Moist Moist Moist Moist Moist Moist Moist Moist
Moist Moist Moist Moist Moist Moist Moist Moist Moist Moist
Moist Moist Moist Moist Moist Moist Moist Moist Moist Moist

Moist Moist Moist Moist Moist Moist Moist Moist Moist Moist
Moist Moist Moist Moist Moist Moist Moist Moist Moist Moist
Moist Moist Moist Moist Moist Moist Moist Moist Moist Moist
Moist Moist Moist Moist Moist Moist Moist Moist Moist Moist
Moist Moist Moist Moist Moist Moist Moist Moist Moist Moist
Moist Moist Moist Moist Moist Moist Moist Moist Moist Moist
Moist Moist Moist Moist Moist Moist Moist Moist Moist Moist
Moist Moist Moist Moist Moist Moist Moist Moist Moist Moist
Moist Moist Moist Moist Moist Moist Moist Moist Moist Moist
Moist Moist Moist Moist Moist Moist Moist Moist Moist Moist
Moist Moist Moist Moist Moist Moist Moist Moist Moist Moist
Moist Moist Moist Moist Moist Moist Moist Moist Moist Moist
Moist Moist Moist Moist Moist Moist Moist Moist Moist Moist
Moist Moist Moist Moist Moist Moist Moist Moist Moist Moist
Moist Moist Moist Moist Moist Moist Moist Moist Moist Moist
Moist Moist Moist Moist Moist Moist Moist Moist Moist Moist
Moist Moist Moist Moist Moist Moist Moist Moist Moist Moist
Moist Moist Moist Moist Moist Moist Moist Moist Moist Moist

Moist Moist Moist Moist Moist Moist Moist Moist Moist Moist
Moist Moist Moist Moist Moist Moist Moist Moist Moist Moist
Moist Moist Moist Moist Moist Moist Moist Moist Moist Moist
Moist Moist Moist Moist Moist Moist Moist Moist Moist Moist
Moist Moist Moist Moist Moist Moist Moist Moist Moist Moist
Moist Moist Moist Moist Moist Moist Moist Moist Moist Moist
Moist Moist Moist Moist Moist Moist Moist Moist Moist Moist
Moist Moist Moist Moist Moist Moist Moist Moist Moist Moist
Moist Moist Moist Moist Moist Moist Moist Moist Moist Moist
Moist Moist Moist Moist Moist Moist Moist Moist Moist Moist
Moist Moist Moist Moist Moist Moist Moist Moist Moist Moist
Moist Moist Moist Moist Moist Moist Moist Moist Moist Moist
Moist Moist Moist Moist Moist Moist Moist Moist Moist Moist
Moist Moist Moist Moist Moist Moist Moist Moist Moist Moist
Moist Moist Moist Moist Moist Moist Moist Moist Moist Moist
Moist Moist Moist Moist Moist Moist Moist Moist Moist Moist
Moist Moist Moist Moist Moist Moist Moist Moist Moist Moist
Moist Moist Moist Moist Moist Moist Moist Moist Moist Moist

Moist Moist Moist Moist Moist Moist Moist Moist Moist Moist
Moist Moist Moist Moist Moist Moist Moist Moist Moist Moist
Moist Moist Moist Moist Moist Moist Moist Moist Moist Moist
Moist Moist Moist Moist Moist Moist Moist Moist Moist Moist
Moist Moist Moist Moist Moist Moist Moist Moist Moist Moist
Moist Moist Moist Moist Moist Moist Moist Moist Moist Moist
Moist Moist Moist Moist Moist Moist Moist Moist Moist Moist
Moist Moist Moist Moist Moist Moist Moist Moist Moist Moist
Moist Moist Moist Moist Moist Moist Moist Moist Moist Moist
Moist Moist Moist Moist Moist Moist Moist Moist Moist Moist
Moist Moist Moist Moist Moist Moist Moist Moist Moist Moist
Moist Moist Moist Moist Moist Moist Moist Moist Moist Moist
Moist Moist Moist Moist Moist Moist Moist Moist Moist Moist
Moist Moist Moist Moist Moist Moist Moist Moist Moist Moist
Moist Moist Moist Moist Moist Moist Moist Moist Moist Moist
Moist Moist Moist Moist Moist Moist Moist Moist Moist Moist
Moist Moist Moist Moist Moist Moist Moist Moist Moist Moist
Moist Moist Moist Moist Moist Moist Moist Moist Moist Moist

Moist Moist Moist Moist Moist Moist Moist Moist Moist Moist
Moist Moist Moist Moist Moist Moist Moist Moist Moist Moist
Moist Moist Moist Moist Moist Moist Moist Moist Moist Moist
Moist Moist Moist Moist Moist Moist Moist Moist Moist Moist
Moist Moist Moist Moist Moist Moist Moist Moist Moist Moist
Moist Moist Moist Moist Moist Moist Moist Moist Moist Moist
Moist Moist Moist Moist Moist Moist Moist Moist Moist Moist
Moist Moist Moist Moist Moist Moist Moist Moist Moist Moist
Moist Moist Moist Moist Moist Moist Moist Moist Moist Moist
Moist Moist Moist Moist Moist Moist Moist Moist Moist Moist
Moist Moist Moist Moist Moist Moist Moist Moist Moist Moist
Moist Moist Moist Moist Moist Moist Moist Moist Moist Moist
Moist Moist Moist Moist Moist Moist Moist Moist Moist Moist
Moist Moist Moist Moist Moist Moist Moist Moist Moist Moist
Moist Moist Moist Moist Moist Moist Moist Moist Moist Moist
Moist Moist Moist Moist Moist Moist Moist Moist Moist Moist
Moist Moist Moist Moist Moist Moist Moist Moist Moist Moist
Moist Moist Moist Moist Moist Moist Moist Moist Moist Moist

Moist Moist Moist Moist Moist Moist Moist Moist Moist Moist
Moist Moist Moist Moist Moist Moist Moist Moist Moist Moist
Moist Moist Moist Moist Moist Moist Moist Moist Moist Moist
Moist Moist Moist Moist Moist Moist Moist Moist Moist Moist
Moist Moist Moist Moist Moist Moist Moist Moist Moist Moist
Moist Moist Moist Moist Moist Moist Moist Moist Moist Moist
Moist Moist Moist Moist Moist Moist Moist Moist Moist Moist
Moist Moist Moist Moist Moist Moist Moist Moist Moist Moist
Moist Moist Moist Moist Moist Moist Moist Moist Moist Moist
Moist Moist Moist Moist Moist Moist Moist Moist Moist Moist
Moist Moist Moist Moist Moist Moist Moist Moist Moist Moist
Moist Moist Moist Moist Moist Moist Moist Moist Moist Moist
Moist Moist Moist Moist Moist Moist Moist Moist Moist Moist
Moist Moist Moist Moist Moist Moist Moist Moist Moist Moist
Moist Moist Moist Moist Moist Moist Moist Moist Moist Moist
Moist Moist Moist Moist Moist Moist Moist Moist Moist Moist
Moist Moist Moist Moist Moist Moist Moist Moist Moist Moist
Moist Moist Moist Moist Moist Moist Moist Moist Moist Moist

Moist Moist Moist Moist Moist Moist Moist Moist Moist Moist
Moist Moist Moist Moist Moist Moist Moist Moist Moist Moist
Moist Moist Moist Moist Moist Moist Moist Moist Moist Moist
Moist Moist Moist Moist Moist Moist Moist Moist Moist Moist
Moist Moist Moist Moist Moist Moist Moist Moist Moist Moist
Moist Moist Moist Moist Moist Moist Moist Moist Moist Moist
Moist Moist Moist Moist Moist Moist Moist Moist Moist Moist
Moist Moist Moist Moist Moist Moist Moist Moist Moist Moist
Moist Moist Moist Moist Moist Moist Moist Moist Moist Moist
Moist Moist Moist Moist Moist Moist Moist Moist Moist Moist
Moist Moist Moist Moist Moist Moist Moist Moist Moist Moist
Moist Moist Moist Moist Moist Moist Moist Moist Moist Moist
Moist Moist Moist Moist Moist Moist Moist Moist Moist Moist
Moist Moist Moist Moist Moist Moist Moist Moist Moist Moist
Moist Moist Moist Moist Moist Moist Moist Moist Moist Moist
Moist Moist Moist Moist Moist Moist Moist Moist Moist Moist
Moist Moist Moist Moist Moist Moist Moist Moist Moist Moist
Moist Moist Moist Moist Moist Moist Moist Moist Moist Moist

Moist Moist Moist Moist Moist Moist Moist Moist Moist Moist
Moist Moist Moist Moist Moist Moist Moist Moist Moist Moist
Moist Moist Moist Moist Moist Moist Moist Moist Moist Moist
Moist Moist Moist Moist Moist Moist Moist Moist Moist Moist
Moist Moist Moist Moist Moist Moist Moist Moist Moist Moist
Moist Moist Moist Moist Moist Moist Moist Moist Moist Moist
Moist Moist Moist Moist Moist Moist Moist Moist Moist Moist
Moist Moist Moist Moist Moist Moist Moist Moist Moist Moist
Moist Moist Moist Moist Moist Moist Moist Moist Moist Moist
Moist Moist Moist Moist Moist Moist Moist Moist Moist Moist
Moist Moist Moist Moist Moist Moist Moist Moist Moist Moist
Moist Moist Moist Moist Moist Moist Moist Moist Moist Moist
Moist Moist Moist Moist Moist Moist Moist Moist Moist Moist
Moist Moist Moist Moist Moist Moist Moist Moist Moist Moist
Moist Moist Moist Moist Moist Moist Moist Moist Moist Moist
Moist Moist Moist Moist Moist Moist Moist Moist Moist Moist
Moist Moist Moist Moist Moist Moist Moist Moist Moist Moist
Moist Moist Moist Moist Moist Moist Moist Moist Moist Moist

Moist Moist Moist Moist Moist Moist Moist Moist Moist Moist
Moist Moist Moist Moist Moist Moist Moist Moist Moist Moist
Moist Moist Moist Moist Moist Moist Moist Moist Moist Moist
Moist Moist Moist Moist Moist Moist Moist Moist Moist Moist
Moist Moist Moist Moist Moist Moist Moist Moist Moist Moist
Moist Moist Moist Moist Moist Moist Moist Moist Moist Moist
Moist Moist Moist Moist Moist Moist Moist Moist Moist Moist
Moist Moist Moist Moist Moist Moist Moist Moist Moist Moist
Moist Moist Moist Moist Moist Moist Moist Moist Moist Moist
Moist Moist Moist Moist Moist Moist Moist Moist Moist Moist
Moist Moist Moist Moist Moist Moist Moist Moist Moist Moist
Moist Moist Moist Moist Moist Moist Moist Moist Moist Moist
Moist Moist Moist Moist Moist Moist Moist Moist Moist Moist
Moist Moist Moist Moist Moist Moist Moist Moist Moist Moist
Moist Moist Moist Moist Moist Moist Moist Moist Moist Moist
Moist Moist Moist Moist Moist Moist Moist Moist Moist Moist
Moist Moist Moist Moist Moist Moist Moist Moist Moist Moist
Moist Moist Moist Moist Moist Moist Moist Moist Moist Moist

Moist Moist Moist Moist Moist Moist Moist Moist Moist Moist
Moist Moist Moist Moist Moist Moist Moist Moist Moist Moist
Moist Moist Moist Moist Moist Moist Moist Moist Moist Moist
Moist Moist Moist Moist Moist Moist Moist Moist Moist Moist
Moist Moist Moist Moist Moist Moist Moist Moist Moist Moist
Moist Moist Moist Moist Moist Moist Moist Moist Moist Moist
Moist Moist Moist Moist Moist Moist Moist Moist Moist Moist
Moist Moist Moist Moist Moist Moist Moist Moist Moist Moist
Moist Moist Moist Moist Moist Moist Moist Moist Moist Moist
Moist Moist Moist Moist Moist Moist Moist Moist Moist Moist
Moist Moist Moist Moist Moist Moist Moist Moist Moist Moist
Moist Moist Moist Moist Moist Moist Moist Moist Moist Moist
Moist Moist Moist Moist Moist Moist Moist Moist Moist Moist
Moist Moist Moist Moist Moist Moist Moist Moist Moist Moist
Moist Moist Moist Moist Moist Moist Moist Moist Moist Moist
Moist Moist Moist Moist Moist Moist Moist Moist Moist Moist
Moist Moist Moist Moist Moist Moist Moist Moist Moist Moist
Moist Moist Moist Moist Moist Moist Moist Moist Moist Moist

Moist Moist Moist Moist Moist Moist Moist Moist Moist Moist
Moist Moist Moist Moist Moist Moist Moist Moist Moist Moist
Moist Moist Moist Moist Moist Moist Moist Moist Moist Moist
Moist Moist Moist Moist Moist Moist Moist Moist Moist Moist
Moist Moist Moist Moist Moist Moist Moist Moist Moist Moist
Moist Moist Moist Moist Moist Moist Moist Moist Moist Moist
Moist Moist Moist Moist Moist Moist Moist Moist Moist Moist
Moist Moist Moist Moist Moist Moist Moist Moist Moist Moist
Moist Moist Moist Moist Moist Moist Moist Moist Moist Moist
Moist Moist Moist Moist Moist Moist Moist Moist Moist Moist
Moist Moist Moist Moist Moist Moist Moist Moist Moist Moist
Moist Moist Moist Moist Moist Moist Moist Moist Moist Moist
Moist Moist Moist Moist Moist Moist Moist Moist Moist Moist
Moist Moist Moist Moist Moist Moist Moist Moist Moist Moist
Moist Moist Moist Moist Moist Moist Moist Moist Moist Moist
Moist Moist Moist Moist Moist Moist Moist Moist Moist Moist
Moist Moist Moist Moist Moist Moist Moist Moist Moist Moist
Moist Moist Moist Moist Moist Moist Moist Moist Moist Moist

Moist Moist Moist Moist Moist Moist Moist Moist Moist Moist
Moist Moist Moist Moist Moist Moist Moist Moist Moist Moist
Moist Moist Moist Moist Moist Moist Moist Moist Moist Moist
Moist Moist Moist Moist Moist Moist Moist Moist Moist Moist
Moist Moist Moist Moist Moist Moist Moist Moist Moist Moist
Moist Moist Moist Moist Moist Moist Moist Moist Moist Moist
Moist Moist Moist Moist Moist Moist Moist Moist Moist Moist
Moist Moist Moist Moist Moist Moist Moist Moist Moist Moist
Moist Moist Moist Moist Moist Moist Moist Moist Moist Moist
Moist Moist Moist Moist Moist Moist Moist Moist Moist Moist
Moist Moist Moist Moist Moist Moist Moist Moist Moist Moist
Moist Moist Moist Moist Moist Moist Moist Moist Moist Moist
Moist Moist Moist Moist Moist Moist Moist Moist Moist Moist
Moist Moist Moist Moist Moist Moist Moist Moist Moist Moist
Moist Moist Moist Moist Moist Moist Moist Moist Moist Moist
Moist Moist Moist Moist Moist Moist Moist Moist Moist Moist
Moist Moist Moist Moist Moist Moist Moist Moist Moist Moist
Moist Moist Moist Moist Moist Moist Moist Moist Moist Moist

Moist Moist Moist Moist Moist Moist Moist Moist Moist Moist
Moist Moist Moist Moist Moist Moist Moist Moist Moist Moist
Moist Moist Moist Moist Moist Moist Moist Moist Moist Moist
Moist Moist Moist Moist Moist Moist Moist Moist Moist Moist
Moist Moist Moist Moist Moist Moist Moist Moist Moist Moist
Moist Moist Moist Moist Moist Moist Moist Moist Moist Moist
Moist Moist Moist Moist Moist Moist Moist Moist Moist Moist
Moist Moist Moist Moist Moist Moist Moist Moist Moist Moist
Moist Moist Moist Moist Moist Moist Moist Moist Moist Moist
Moist Moist Moist Moist Moist Moist Moist Moist Moist Moist
Moist Moist Moist Moist Moist Moist Moist Moist Moist Moist
Moist Moist Moist Moist Moist Moist Moist Moist Moist Moist
Moist Moist Moist Moist Moist Moist Moist Moist Moist Moist
Moist Moist Moist Moist Moist Moist Moist Moist Moist Moist
Moist Moist Moist Moist Moist Moist Moist Moist Moist Moist
Moist Moist Moist Moist Moist Moist Moist Moist Moist Moist
Moist Moist Moist Moist Moist Moist Moist Moist Moist Moist
Moist Moist Moist Moist Moist Moist Moist Moist Moist Moist

Moist Moist Moist Moist Moist Moist Moist Moist Moist Moist
Moist Moist Moist Moist Moist Moist Moist Moist Moist Moist
Moist Moist Moist Moist Moist Moist Moist Moist Moist Moist
Moist Moist Moist Moist Moist Moist Moist Moist Moist Moist
Moist Moist Moist Moist Moist Moist Moist Moist Moist Moist
Moist Moist Moist Moist Moist Moist Moist Moist Moist Moist
Moist Moist Moist Moist Moist Moist Moist Moist Moist Moist
Moist Moist Moist Moist Moist Moist Moist Moist Moist Moist
Moist Moist Moist Moist Moist Moist Moist Moist Moist Moist
Moist Moist Moist Moist Moist Moist Moist Moist Moist Moist
Moist Moist Moist Moist Moist Moist Moist Moist Moist Moist
Moist Moist Moist Moist Moist Moist Moist Moist Moist Moist
Moist Moist Moist Moist Moist Moist Moist Moist Moist Moist
Moist Moist Moist Moist Moist Moist Moist Moist Moist Moist
Moist Moist Moist Moist Moist Moist Moist Moist Moist Moist
Moist Moist Moist Moist Moist Moist Moist Moist Moist Moist
Moist Moist Moist Moist Moist Moist Moist Moist Moist Moist
Moist Moist Moist Moist Moist Moist Moist Moist Moist Moist

Moist Moist Moist Moist Moist Moist Moist Moist Moist Moist
Moist Moist Moist Moist Moist Moist Moist Moist Moist Moist
Moist Moist Moist Moist Moist Moist Moist Moist Moist Moist
Moist Moist Moist Moist Moist Moist Moist Moist Moist Moist
Moist Moist Moist Moist Moist Moist Moist Moist Moist Moist
Moist Moist Moist Moist Moist Moist Moist Moist Moist Moist
Moist Moist Moist Moist Moist Moist Moist Moist Moist Moist
Moist Moist Moist Moist Moist Moist Moist Moist Moist Moist
Moist Moist Moist Moist Moist Moist Moist Moist Moist Moist
Moist Moist Moist Moist Moist Moist Moist Moist Moist Moist
Moist Moist Moist Moist Moist Moist Moist Moist Moist Moist
Moist Moist Moist Moist Moist Moist Moist Moist Moist Moist
Moist Moist Moist Moist Moist Moist Moist Moist Moist Moist
Moist Moist Moist Moist Moist Moist Moist Moist Moist Moist
Moist Moist Moist Moist Moist Moist Moist Moist Moist Moist
Moist Moist Moist Moist Moist Moist Moist Moist Moist Moist
Moist Moist Moist Moist Moist Moist Moist Moist Moist Moist
Moist Moist Moist Moist Moist Moist Moist Moist Moist Moist

Moist Moist Moist Moist Moist Moist Moist Moist Moist Moist
Moist Moist Moist Moist Moist Moist Moist Moist Moist Moist
Moist Moist Moist Moist Moist Moist Moist Moist Moist Moist
Moist Moist Moist Moist Moist Moist Moist Moist Moist Moist
Moist Moist Moist Moist Moist Moist Moist Moist Moist Moist
Moist Moist Moist Moist Moist Moist Moist Moist Moist Moist
Moist Moist Moist Moist Moist Moist Moist Moist Moist Moist
Moist Moist Moist Moist Moist Moist Moist Moist Moist Moist
Moist Moist Moist Moist Moist Moist Moist Moist Moist Moist
Moist Moist Moist Moist Moist Moist Moist Moist Moist Moist
Moist Moist Moist Moist Moist Moist Moist Moist Moist Moist
Moist Moist Moist Moist Moist Moist Moist Moist Moist Moist
Moist Moist Moist Moist Moist Moist Moist Moist Moist Moist
Moist Moist Moist Moist Moist Moist Moist Moist Moist Moist
Moist Moist Moist Moist Moist Moist Moist Moist Moist Moist
Moist Moist Moist Moist Moist Moist Moist Moist Moist Moist
Moist Moist Moist Moist Moist Moist Moist Moist Moist Moist
Moist Moist Moist Moist Moist Moist Moist Moist Moist Moist

Moist Moist Moist Moist Moist Moist Moist Moist Moist Moist
Moist Moist Moist Moist Moist Moist Moist Moist Moist Moist
Moist Moist Moist Moist Moist Moist Moist Moist Moist Moist
Moist Moist Moist Moist Moist Moist Moist Moist Moist Moist
Moist Moist Moist Moist Moist Moist Moist Moist Moist Moist
Moist Moist Moist Moist Moist Moist Moist Moist Moist Moist
Moist Moist Moist Moist Moist Moist Moist Moist Moist Moist
Moist Moist Moist Moist Moist Moist Moist Moist Moist Moist
Moist Moist Moist Moist Moist Moist Moist Moist Moist Moist
Moist Moist Moist Moist Moist Moist Moist Moist Moist Moist
Moist Moist Moist Moist Moist Moist Moist Moist Moist Moist
Moist Moist Moist Moist Moist Moist Moist Moist Moist Moist
Moist Moist Moist Moist Moist Moist Moist Moist Moist Moist
Moist Moist Moist Moist Moist Moist Moist Moist Moist Moist
Moist Moist Moist Moist Moist Moist Moist Moist Moist Moist
Moist Moist Moist Moist Moist Moist Moist Moist Moist Moist
Moist Moist Moist Moist Moist Moist Moist Moist Moist Moist
Moist Moist Moist Moist Moist Moist Moist Moist Moist Moist

Moist Moist Moist Moist Moist Moist Moist Moist Moist Moist
Moist Moist Moist Moist Moist Moist Moist Moist Moist Moist
Moist Moist Moist Moist Moist Moist Moist Moist Moist Moist
Moist Moist Moist Moist Moist Moist Moist Moist Moist Moist
Moist Moist Moist Moist Moist Moist Moist Moist Moist Moist
Moist Moist Moist Moist Moist Moist Moist Moist Moist Moist
Moist Moist Moist Moist Moist Moist Moist Moist Moist Moist
Moist Moist Moist Moist Moist Moist Moist Moist Moist Moist
Moist Moist Moist Moist Moist Moist Moist Moist Moist Moist
Moist Moist Moist Moist Moist Moist Moist Moist Moist Moist
Moist Moist Moist Moist Moist Moist Moist Moist Moist Moist
Moist Moist Moist Moist Moist Moist Moist Moist Moist Moist
Moist Moist Moist Moist Moist Moist Moist Moist Moist Moist
Moist Moist Moist Moist Moist Moist Moist Moist Moist Moist
Moist Moist Moist Moist Moist Moist Moist Moist Moist Moist
Moist Moist Moist Moist Moist Moist Moist Moist Moist Moist
Moist Moist Moist Moist Moist Moist Moist Moist Moist Moist
Moist Moist Moist Moist Moist Moist Moist Moist Moist Moist

Moist Moist Moist Moist Moist Moist Moist Moist Moist Moist
Moist Moist Moist Moist Moist Moist Moist Moist Moist Moist
Moist Moist Moist Moist Moist Moist Moist Moist Moist Moist
Moist Moist Moist Moist Moist Moist Moist Moist Moist Moist
Moist Moist Moist Moist Moist Moist Moist Moist Moist Moist
Moist Moist Moist Moist Moist Moist Moist Moist Moist Moist
Moist Moist Moist Moist Moist Moist Moist Moist Moist Moist
Moist Moist Moist Moist Moist Moist Moist Moist Moist Moist
Moist Moist Moist Moist Moist Moist Moist Moist Moist Moist
Moist Moist Moist Moist Moist Moist Moist Moist Moist Moist
Moist Moist Moist Moist Moist Moist Moist Moist Moist Moist
Moist Moist Moist Moist Moist Moist Moist Moist Moist Moist
Moist Moist Moist Moist Moist Moist Moist Moist Moist Moist
Moist Moist Moist Moist Moist Moist Moist Moist Moist Moist
Moist Moist Moist Moist Moist Moist Moist Moist Moist Moist
Moist Moist Moist Moist Moist Moist Moist Moist Moist Moist
Moist Moist Moist Moist Moist Moist Moist Moist Moist Moist
Moist Moist Moist Moist Moist Moist Moist Moist Moist Moist

Moist Moist Moist Moist Moist Moist Moist Moist Moist Moist
Moist Moist Moist Moist Moist Moist Moist Moist Moist Moist
Moist Moist Moist Moist Moist Moist Moist Moist Moist Moist
Moist Moist Moist Moist Moist Moist Moist Moist Moist Moist
Moist Moist Moist Moist Moist Moist Moist Moist Moist Moist
Moist Moist Moist Moist Moist Moist Moist Moist Moist Moist
Moist Moist Moist Moist Moist Moist Moist Moist Moist Moist
Moist Moist Moist Moist Moist Moist Moist Moist Moist Moist
Moist Moist Moist Moist Moist Moist Moist Moist Moist Moist
Moist Moist Moist Moist Moist Moist Moist Moist Moist Moist
Moist Moist Moist Moist Moist Moist Moist Moist Moist Moist
Moist Moist Moist Moist Moist Moist Moist Moist Moist Moist
Moist Moist Moist Moist Moist Moist Moist Moist Moist Moist
Moist Moist Moist Moist Moist Moist Moist Moist Moist Moist
Moist Moist Moist Moist Moist Moist Moist Moist Moist Moist
Moist Moist Moist Moist Moist Moist Moist Moist Moist Moist
Moist Moist Moist Moist Moist Moist Moist Moist Moist Moist
Moist Moist Moist Moist Moist Moist Moist Moist Moist Moist

Moist Moist Moist Moist Moist Moist Moist Moist Moist Moist
Moist Moist Moist Moist Moist Moist Moist Moist Moist Moist
Moist Moist Moist Moist Moist Moist Moist Moist Moist Moist
Moist Moist Moist Moist Moist Moist Moist Moist Moist Moist
Moist Moist Moist Moist Moist Moist Moist Moist Moist Moist
Moist Moist Moist Moist Moist Moist Moist Moist Moist Moist
Moist Moist Moist Moist Moist Moist Moist Moist Moist Moist
Moist Moist Moist Moist Moist Moist Moist Moist Moist Moist
Moist Moist Moist Moist Moist Moist Moist Moist Moist Moist
Moist Moist Moist Moist Moist Moist Moist Moist Moist Moist
Moist Moist Moist Moist Moist Moist Moist Moist Moist Moist
Moist Moist Moist Moist Moist Moist Moist Moist Moist Moist
Moist Moist Moist Moist Moist Moist Moist Moist Moist Moist
Moist Moist Moist Moist Moist Moist Moist Moist Moist Moist
Moist Moist Moist Moist Moist Moist Moist Moist Moist Moist
Moist Moist Moist Moist Moist Moist Moist Moist Moist Moist
Moist Moist Moist Moist Moist Moist Moist Moist Moist Moist
Moist Moist Moist Moist Moist Moist Moist Moist Moist Moist

Moist Moist Moist Moist Moist Moist Moist Moist Moist Moist
Moist Moist Moist Moist Moist Moist Moist Moist Moist Moist
Moist Moist Moist Moist Moist Moist Moist Moist Moist Moist
Moist Moist Moist Moist Moist Moist Moist Moist Moist Moist
Moist Moist Moist Moist Moist Moist Moist Moist Moist Moist
Moist Moist Moist Moist Moist Moist Moist Moist Moist Moist
Moist Moist Moist Moist Moist Moist Moist Moist Moist Moist
Moist Moist Moist Moist Moist Moist Moist Moist Moist Moist
Moist Moist Moist Moist Moist Moist Moist Moist Moist Moist
Moist Moist Moist Moist Moist Moist Moist Moist Moist Moist
Moist Moist Moist Moist Moist Moist Moist Moist Moist Moist
Moist Moist Moist Moist Moist Moist Moist Moist Moist Moist
Moist Moist Moist Moist Moist Moist Moist Moist Moist Moist
Moist Moist Moist Moist Moist Moist Moist Moist Moist Moist
Moist Moist Moist Moist Moist Moist Moist Moist Moist Moist
Moist Moist Moist Moist Moist Moist Moist Moist Moist Moist
Moist Moist Moist Moist Moist Moist Moist Moist Moist Moist
Moist Moist Moist Moist Moist Moist Moist Moist Moist Moist

Moist Moist Moist Moist Moist Moist Moist Moist Moist Moist
Moist Moist Moist Moist Moist Moist Moist Moist Moist Moist
Moist Moist Moist Moist Moist Moist Moist Moist Moist Moist
Moist Moist Moist Moist Moist Moist Moist Moist Moist Moist
Moist Moist Moist Moist Moist Moist Moist Moist Moist Moist
Moist Moist Moist Moist Moist Moist Moist Moist Moist Moist
Moist Moist Moist Moist Moist Moist Moist Moist Moist Moist
Moist Moist Moist Moist Moist Moist Moist Moist Moist Moist
Moist Moist Moist Moist Moist Moist Moist Moist Moist Moist
Moist Moist Moist Moist Moist Moist Moist Moist Moist Moist
Moist Moist Moist Moist Moist Moist Moist Moist Moist Moist
Moist Moist Moist Moist Moist Moist Moist Moist Moist Moist
Moist Moist Moist Moist Moist Moist Moist Moist Moist Moist
Moist Moist Moist Moist Moist Moist Moist Moist Moist Moist
Moist Moist Moist Moist Moist Moist Moist Moist Moist Moist
Moist Moist Moist Moist Moist Moist Moist Moist Moist Moist
Moist Moist Moist Moist Moist Moist Moist Moist Moist Moist
Moist Moist Moist Moist Moist Moist Moist Moist Moist Moist

Moist Moist Moist Moist Moist Moist Moist Moist Moist Moist
Moist Moist Moist Moist Moist Moist Moist Moist Moist Moist
Moist Moist Moist Moist Moist Moist Moist Moist Moist Moist
Moist Moist Moist Moist Moist Moist Moist Moist Moist Moist
Moist Moist Moist Moist Moist Moist Moist Moist Moist Moist
Moist Moist Moist Moist Moist Moist Moist Moist Moist Moist
Moist Moist Moist Moist Moist Moist Moist Moist Moist Moist
Moist Moist Moist Moist Moist Moist Moist Moist Moist Moist
Moist Moist Moist Moist Moist Moist Moist Moist Moist Moist
Moist Moist Moist Moist Moist Moist Moist Moist Moist Moist
Moist Moist Moist Moist Moist Moist Moist Moist Moist Moist
Moist Moist Moist Moist Moist Moist Moist Moist Moist Moist
Moist Moist Moist Moist Moist Moist Moist Moist Moist Moist
Moist Moist Moist Moist Moist Moist Moist Moist Moist Moist
Moist Moist Moist Moist Moist Moist Moist Moist Moist Moist
Moist Moist Moist Moist Moist Moist Moist Moist Moist Moist
Moist Moist Moist Moist Moist Moist Moist Moist Moist Moist
Moist Moist Moist Moist Moist Moist Moist Moist Moist Moist

Moist Moist Moist Moist Moist Moist Moist Moist Moist Moist
Moist Moist Moist Moist Moist Moist Moist Moist Moist Moist
Moist Moist Moist Moist Moist Moist Moist Moist Moist Moist
Moist Moist Moist Moist Moist Moist Moist Moist Moist Moist
Moist Moist Moist Moist Moist Moist Moist Moist Moist Moist
Moist Moist Moist Moist Moist Moist Moist Moist Moist Moist
Moist Moist Moist Moist Moist Moist Moist Moist Moist Moist
Moist Moist Moist Moist Moist Moist Moist Moist Moist Moist
Moist Moist Moist Moist Moist Moist Moist Moist Moist Moist
Moist Moist Moist Moist Moist Moist Moist Moist Moist Moist
Moist Moist Moist Moist Moist Moist Moist Moist Moist Moist
Moist Moist Moist Moist Moist Moist Moist Moist Moist Moist
Moist Moist Moist Moist Moist Moist Moist Moist Moist Moist
Moist Moist Moist Moist Moist Moist Moist Moist Moist Moist
Moist Moist Moist Moist Moist Moist Moist Moist Moist Moist
Moist Moist Moist Moist Moist Moist Moist Moist Moist Moist
Moist Moist Moist Moist Moist Moist Moist Moist Moist Moist
Moist Moist Moist Moist Moist Moist Moist Moist Moist Moist

Moist Moist Moist Moist Moist Moist Moist Moist Moist Moist
Moist Moist Moist Moist Moist Moist Moist Moist Moist Moist
Moist Moist Moist Moist Moist Moist Moist Moist Moist Moist
Moist Moist Moist Moist Moist Moist Moist Moist Moist Moist
Moist Moist Moist Moist Moist Moist Moist Moist Moist Moist
Moist Moist Moist Moist Moist Moist Moist Moist Moist Moist
Moist Moist Moist Moist Moist Moist Moist Moist Moist Moist
Moist Moist Moist Moist Moist Moist Moist Moist Moist Moist
Moist Moist Moist Moist Moist Moist Moist Moist Moist Moist
Moist Moist Moist Moist Moist Moist Moist Moist Moist Moist
Moist Moist Moist Moist Moist Moist Moist Moist Moist Moist
Moist Moist Moist Moist Moist Moist Moist Moist Moist Moist
Moist Moist Moist Moist Moist Moist Moist Moist Moist Moist
Moist Moist Moist Moist Moist Moist Moist Moist Moist Moist
Moist Moist Moist Moist Moist Moist Moist Moist Moist Moist
Moist Moist Moist Moist Moist Moist Moist Moist Moist Moist
Moist Moist Moist Moist Moist Moist Moist Moist Moist Moist
Moist Moist Moist Moist Moist Moist Moist Moist Moist Moist

Moist Moist Moist Moist Moist Moist Moist Moist Moist Moist
Moist Moist Moist Moist Moist Moist Moist Moist Moist Moist
Moist Moist Moist Moist Moist Moist Moist Moist Moist Moist
Moist Moist Moist Moist Moist Moist Moist Moist Moist Moist
Moist Moist Moist Moist Moist Moist Moist Moist Moist Moist
Moist Moist Moist Moist Moist Moist Moist Moist Moist Moist
Moist Moist Moist Moist Moist Moist Moist Moist Moist Moist
Moist Moist Moist Moist Moist Moist Moist Moist Moist Moist
Moist Moist Moist Moist Moist Moist Moist Moist Moist Moist
Moist Moist Moist Moist Moist Moist Moist Moist Moist Moist
Moist Moist Moist Moist Moist Moist Moist Moist Moist Moist
Moist Moist Moist Moist Moist Moist Moist Moist Moist Moist
Moist Moist Moist Moist Moist Moist Moist Moist Moist Moist
Moist Moist Moist Moist Moist Moist Moist Moist Moist Moist
Moist Moist Moist Moist Moist Moist Moist Moist Moist Moist
Moist Moist Moist Moist Moist Moist Moist Moist Moist Moist
Moist Moist Moist Moist Moist Moist Moist Moist Moist Moist
Moist Moist Moist Moist Moist Moist Moist Moist Moist Moist

Moist Moist Moist Moist Moist Moist Moist Moist Moist Moist
Moist Moist Moist Moist Moist Moist Moist Moist Moist Moist
Moist Moist Moist Moist Moist Moist Moist Moist Moist Moist
Moist Moist Moist Moist Moist Moist Moist Moist Moist Moist
Moist Moist Moist Moist Moist Moist Moist Moist Moist Moist
Moist Moist Moist Moist Moist Moist Moist Moist Moist Moist
Moist Moist Moist Moist Moist Moist Moist Moist Moist Moist
Moist Moist Moist Moist Moist Moist Moist Moist Moist Moist
Moist Moist Moist Moist Moist Moist Moist Moist Moist Moist
Moist Moist Moist Moist Moist Moist Moist Moist Moist Moist
Moist Moist Moist Moist Moist Moist Moist Moist Moist Moist
Moist Moist Moist Moist Moist Moist Moist Moist Moist Moist
Moist Moist Moist Moist Moist Moist Moist Moist Moist Moist
Moist Moist Moist Moist Moist Moist Moist Moist Moist Moist
Moist Moist Moist Moist Moist Moist Moist Moist Moist Moist
Moist Moist Moist Moist Moist Moist Moist Moist Moist Moist
Moist Moist Moist Moist Moist Moist Moist Moist Moist Moist
Moist Moist Moist Moist Moist Moist Moist Moist Moist Moist

Moist Moist Moist Moist Moist Moist Moist Moist Moist Moist
Moist Moist Moist Moist Moist Moist Moist Moist Moist Moist
Moist Moist Moist Moist Moist Moist Moist Moist Moist Moist
Moist Moist Moist Moist Moist Moist Moist Moist Moist Moist
Moist Moist Moist Moist Moist Moist Moist Moist Moist Moist
Moist Moist Moist Moist Moist Moist Moist Moist Moist Moist
Moist Moist Moist Moist Moist Moist Moist Moist Moist Moist
Moist Moist Moist Moist Moist Moist Moist Moist Moist Moist
Moist Moist Moist Moist Moist Moist Moist Moist Moist Moist
Moist Moist Moist Moist Moist Moist Moist Moist Moist Moist
Moist Moist Moist Moist Moist Moist Moist Moist Moist Moist
Moist Moist Moist Moist Moist Moist Moist Moist Moist Moist
Moist Moist Moist Moist Moist Moist Moist Moist Moist Moist
Moist Moist Moist Moist Moist Moist Moist Moist Moist Moist
Moist Moist Moist Moist Moist Moist Moist Moist Moist Moist
Moist Moist Moist Moist Moist Moist Moist Moist Moist Moist
Moist Moist Moist Moist Moist Moist Moist Moist Moist Moist
Moist Moist Moist Moist Moist Moist Moist Moist Moist Moist

Moist Moist Moist Moist Moist Moist Moist Moist Moist Moist
Moist Moist Moist Moist Moist Moist Moist Moist Moist Moist
Moist Moist Moist Moist Moist Moist Moist Moist Moist Moist
Moist Moist Moist Moist Moist Moist Moist Moist Moist Moist
Moist Moist Moist Moist Moist Moist Moist Moist Moist Moist
Moist Moist Moist Moist Moist Moist Moist Moist Moist Moist
Moist Moist Moist Moist Moist Moist Moist Moist Moist Moist
Moist Moist Moist Moist Moist Moist Moist Moist Moist Moist
Moist Moist Moist Moist Moist Moist Moist Moist Moist Moist
Moist Moist Moist Moist Moist Moist Moist Moist Moist Moist
Moist Moist Moist Moist Moist Moist Moist Moist Moist Moist
Moist Moist Moist Moist Moist Moist Moist Moist Moist Moist
Moist Moist Moist Moist Moist Moist Moist Moist Moist Moist
Moist Moist Moist Moist Moist Moist Moist Moist Moist Moist
Moist Moist Moist Moist Moist Moist Moist Moist Moist Moist
Moist Moist Moist Moist Moist Moist Moist Moist Moist Moist
Moist Moist Moist Moist Moist Moist Moist Moist Moist Moist
Moist Moist Moist Moist Moist Moist Moist Moist Moist Moist

Moist Moist Moist Moist Moist Moist Moist Moist Moist Moist
Moist Moist Moist Moist Moist Moist Moist Moist Moist Moist
Moist Moist Moist Moist Moist Moist Moist Moist Moist Moist
Moist Moist Moist Moist Moist Moist Moist Moist Moist Moist
Moist Moist Moist Moist Moist Moist Moist Moist Moist Moist
Moist Moist Moist Moist Moist Moist Moist Moist Moist Moist
Moist Moist Moist Moist Moist Moist Moist Moist Moist Moist
Moist Moist Moist Moist Moist Moist Moist Moist Moist Moist
Moist Moist Moist Moist Moist Moist Moist Moist Moist Moist
Moist Moist Moist Moist Moist Moist Moist Moist Moist Moist
Moist Moist Moist Moist Moist Moist Moist Moist Moist Moist
Moist Moist Moist Moist Moist Moist Moist Moist Moist Moist
Moist Moist Moist Moist Moist Moist Moist Moist Moist Moist
Moist Moist Moist Moist Moist Moist Moist Moist Moist Moist
Moist Moist Moist Moist Moist Moist Moist Moist Moist Moist
Moist Moist Moist Moist Moist Moist Moist Moist Moist Moist
Moist Moist Moist Moist Moist Moist Moist Moist Moist Moist
Moist Moist Moist Moist Moist Moist Moist Moist Moist Moist

Moist Moist Moist Moist Moist Moist Moist Moist Moist Moist
Moist Moist Moist Moist Moist Moist Moist Moist Moist Moist
Moist Moist Moist Moist Moist Moist Moist Moist Moist Moist
Moist Moist Moist Moist Moist Moist Moist Moist Moist Moist
Moist Moist Moist Moist Moist Moist Moist Moist Moist Moist
Moist Moist Moist Moist Moist Moist Moist Moist Moist Moist
Moist Moist Moist Moist Moist Moist Moist Moist Moist Moist
Moist Moist Moist Moist Moist Moist Moist Moist Moist Moist
Moist Moist Moist Moist Moist Moist Moist Moist Moist Moist
Moist Moist Moist Moist Moist Moist Moist Moist Moist Moist
Moist Moist Moist Moist Moist Moist Moist Moist Moist Moist
Moist Moist Moist Moist Moist Moist Moist Moist Moist Moist
Moist Moist Moist Moist Moist Moist Moist Moist Moist Moist
Moist Moist Moist Moist Moist Moist Moist Moist Moist Moist
Moist Moist Moist Moist Moist Moist Moist Moist Moist Moist
Moist Moist Moist Moist Moist Moist Moist Moist Moist Moist
Moist Moist Moist Moist Moist Moist Moist Moist Moist Moist
Moist Moist Moist Moist Moist Moist Moist Moist Moist Moist

Moist Moist Moist Moist Moist Moist Moist Moist Moist Moist
Moist Moist Moist Moist Moist Moist Moist Moist Moist Moist
Moist Moist Moist Moist Moist Moist Moist Moist Moist Moist
Moist Moist Moist Moist Moist Moist Moist Moist Moist Moist
Moist Moist Moist Moist Moist Moist Moist Moist Moist Moist
Moist Moist Moist Moist Moist Moist Moist Moist Moist Moist
Moist Moist Moist Moist Moist Moist Moist Moist Moist Moist
Moist Moist Moist Moist Moist Moist Moist Moist Moist Moist
Moist Moist Moist Moist Moist Moist Moist Moist Moist Moist
Moist Moist Moist Moist Moist Moist Moist Moist Moist Moist
Moist Moist Moist Moist Moist Moist Moist Moist Moist Moist
Moist Moist Moist Moist Moist Moist Moist Moist Moist Moist
Moist Moist Moist Moist Moist Moist Moist Moist Moist Moist
Moist Moist Moist Moist Moist Moist Moist Moist Moist Moist
Moist Moist Moist Moist Moist Moist Moist Moist Moist Moist
Moist Moist Moist Moist Moist Moist Moist Moist Moist Moist
Moist Moist Moist Moist Moist Moist Moist Moist Moist Moist
Moist Moist Moist Moist Moist Moist Moist Moist Moist Moist

Moist Moist Moist Moist Moist Moist Moist Moist Moist Moist
Moist Moist Moist Moist Moist Moist Moist Moist Moist Moist
Moist Moist Moist Moist Moist Moist Moist Moist Moist Moist
Moist Moist Moist Moist Moist Moist Moist Moist Moist Moist
Moist Moist Moist Moist Moist Moist Moist Moist Moist Moist
Moist Moist Moist Moist Moist Moist Moist Moist Moist Moist
Moist Moist Moist Moist Moist Moist Moist Moist Moist Moist
Moist Moist Moist Moist Moist Moist Moist Moist Moist Moist
Moist Moist Moist Moist Moist Moist Moist Moist Moist Moist
Moist Moist Moist Moist Moist Moist Moist Moist Moist Moist
Moist Moist Moist Moist Moist Moist Moist Moist Moist Moist
Moist Moist Moist Moist Moist Moist Moist Moist Moist Moist
Moist Moist Moist Moist Moist Moist Moist Moist Moist Moist
Moist Moist Moist Moist Moist Moist Moist Moist Moist Moist
Moist Moist Moist Moist Moist Moist Moist Moist Moist Moist
Moist Moist Moist Moist Moist Moist Moist Moist Moist Moist
Moist Moist Moist Moist Moist Moist Moist Moist Moist Moist
Moist Moist Moist Moist Moist Moist Moist Moist Moist Moist

Moist Moist Moist Moist Moist Moist Moist Moist Moist Moist
Moist Moist Moist Moist Moist Moist Moist Moist Moist Moist
Moist Moist Moist Moist Moist Moist Moist Moist Moist Moist
Moist Moist Moist Moist Moist Moist Moist Moist Moist Moist
Moist Moist Moist Moist Moist Moist Moist Moist Moist Moist
Moist Moist Moist Moist Moist Moist Moist Moist Moist Moist
Moist Moist Moist Moist Moist Moist Moist Moist Moist Moist
Moist Moist Moist Moist Moist Moist Moist Moist Moist Moist
Moist Moist Moist Moist Moist Moist Moist Moist Moist Moist
Moist Moist Moist Moist Moist Moist Moist Moist Moist Moist
Moist Moist Moist Moist Moist Moist Moist Moist Moist Moist
Moist Moist Moist Moist Moist Moist Moist Moist Moist Moist
Moist Moist Moist Moist Moist Moist Moist Moist Moist Moist
Moist Moist Moist Moist Moist Moist Moist Moist Moist Moist
Moist Moist Moist Moist Moist Moist Moist Moist Moist Moist
Moist Moist Moist Moist Moist Moist Moist Moist Moist Moist
Moist Moist Moist Moist Moist Moist Moist Moist Moist Moist
Moist Moist Moist Moist Moist Moist Moist Moist Moist Moist

Moist Moist Moist Moist Moist Moist Moist Moist Moist Moist
Moist Moist Moist Moist Moist Moist Moist Moist Moist Moist
Moist Moist Moist Moist Moist Moist Moist Moist Moist Moist
Moist Moist Moist Moist Moist Moist Moist Moist Moist Moist
Moist Moist Moist Moist Moist Moist Moist Moist Moist Moist
Moist Moist Moist Moist Moist Moist Moist Moist Moist Moist
Moist Moist Moist Moist Moist Moist Moist Moist Moist Moist
Moist Moist Moist Moist Moist Moist Moist Moist Moist Moist
Moist Moist Moist Moist Moist Moist Moist Moist Moist Moist
Moist Moist Moist Moist Moist Moist Moist Moist Moist Moist
Moist Moist Moist Moist Moist Moist Moist Moist Moist Moist
Moist Moist Moist Moist Moist Moist Moist Moist Moist Moist
Moist Moist Moist Moist Moist Moist Moist Moist Moist Moist
Moist Moist Moist Moist Moist Moist Moist Moist Moist Moist
Moist Moist Moist Moist Moist Moist Moist Moist Moist Moist
Moist Moist Moist Moist Moist Moist Moist Moist Moist Moist
Moist Moist Moist Moist Moist Moist Moist Moist Moist Moist
Moist Moist Moist Moist Moist Moist Moist Moist Moist Moist

Moist Moist Moist Moist Moist Moist Moist Moist Moist Moist
Moist Moist Moist Moist Moist Moist Moist Moist Moist Moist
Moist Moist Moist Moist Moist Moist Moist Moist Moist Moist
Moist Moist Moist Moist Moist Moist Moist Moist Moist Moist
Moist Moist Moist Moist Moist Moist Moist Moist Moist Moist
Moist Moist Moist Moist Moist Moist Moist Moist Moist Moist
Moist Moist Moist Moist Moist Moist Moist Moist Moist Moist
Moist Moist Moist Moist Moist Moist Moist Moist Moist Moist
Moist Moist Moist Moist Moist Moist Moist Moist Moist Moist
Moist Moist Moist Moist Moist Moist Moist Moist Moist Moist
Moist Moist Moist Moist Moist Moist Moist Moist Moist Moist
Moist Moist Moist Moist Moist Moist Moist Moist Moist Moist
Moist Moist Moist Moist Moist Moist Moist Moist Moist Moist
Moist Moist Moist Moist Moist Moist Moist Moist Moist Moist
Moist Moist Moist Moist Moist Moist Moist Moist Moist Moist
Moist Moist Moist Moist Moist Moist Moist Moist Moist Moist
Moist Moist Moist Moist Moist Moist Moist Moist Moist Moist
Moist Moist Moist Moist Moist Moist Moist Moist Moist Moist

Moist Moist Moist Moist Moist Moist Moist Moist Moist Moist
Moist Moist Moist Moist Moist Moist Moist Moist Moist Moist
Moist Moist Moist Moist Moist Moist Moist Moist Moist Moist
Moist Moist Moist Moist Moist Moist Moist Moist Moist Moist
Moist Moist Moist Moist Moist Moist Moist Moist Moist Moist
Moist Moist Moist Moist Moist Moist Moist Moist Moist Moist
Moist Moist Moist Moist Moist Moist Moist Moist Moist Moist
Moist Moist Moist Moist Moist Moist Moist Moist Moist Moist
Moist Moist Moist Moist Moist Moist Moist Moist Moist Moist
Moist Moist Moist Moist Moist Moist Moist Moist Moist Moist
Moist Moist Moist Moist Moist Moist Moist Moist Moist Moist
Moist Moist Moist Moist Moist Moist Moist Moist Moist Moist
Moist Moist Moist Moist Moist Moist Moist Moist Moist Moist
Moist Moist Moist Moist Moist Moist Moist Moist Moist Moist
Moist Moist Moist Moist Moist Moist Moist Moist Moist Moist
Moist Moist Moist Moist Moist Moist Moist Moist Moist Moist
Moist Moist Moist Moist Moist Moist Moist Moist Moist Moist
Moist Moist Moist Moist Moist Moist Moist Moist Moist Moist

Moist Moist Moist Moist Moist Moist Moist Moist Moist Moist
Moist Moist Moist Moist Moist Moist Moist Moist Moist Moist
Moist Moist Moist Moist Moist Moist Moist Moist Moist Moist
Moist Moist Moist Moist Moist Moist Moist Moist Moist Moist
Moist Moist Moist Moist Moist Moist Moist Moist Moist Moist
Moist Moist Moist Moist Moist Moist Moist Moist Moist Moist
Moist Moist Moist Moist Moist Moist Moist Moist Moist Moist
Moist Moist Moist Moist Moist Moist Moist Moist Moist Moist
Moist Moist Moist Moist Moist Moist Moist Moist Moist Moist
Moist Moist Moist Moist Moist Moist Moist Moist Moist Moist
Moist Moist Moist Moist Moist Moist Moist Moist Moist Moist
Moist Moist Moist Moist Moist Moist Moist Moist Moist Moist
Moist Moist Moist Moist Moist Moist Moist Moist Moist Moist
Moist Moist Moist Moist Moist Moist Moist Moist Moist Moist
Moist Moist Moist Moist Moist Moist Moist Moist Moist Moist
Moist Moist Moist Moist Moist Moist Moist Moist Moist Moist
Moist Moist Moist Moist Moist Moist Moist Moist Moist Moist
Moist Moist Moist Moist Moist Moist Moist Moist Moist Moist

Moist Moist Moist Moist Moist Moist Moist Moist Moist Moist
Moist Moist Moist Moist Moist Moist Moist Moist Moist Moist
Moist Moist Moist Moist Moist Moist Moist Moist Moist Moist
Moist Moist Moist Moist Moist Moist Moist Moist Moist Moist
Moist Moist Moist Moist Moist Moist Moist Moist Moist Moist
Moist Moist Moist Moist Moist Moist Moist Moist Moist Moist
Moist Moist Moist Moist Moist Moist Moist Moist Moist Moist
Moist Moist Moist Moist Moist Moist Moist Moist Moist Moist
Moist Moist Moist Moist Moist Moist Moist Moist Moist Moist
Moist Moist Moist Moist Moist Moist Moist Moist Moist Moist
Moist Moist Moist Moist Moist Moist Moist Moist Moist Moist
Moist Moist Moist Moist Moist Moist Moist Moist Moist Moist
Moist Moist Moist Moist Moist Moist Moist Moist Moist Moist
Moist Moist Moist Moist Moist Moist Moist Moist Moist Moist
Moist Moist Moist Moist Moist Moist Moist Moist Moist Moist
Moist Moist Moist Moist Moist Moist Moist Moist Moist Moist
Moist Moist Moist Moist Moist Moist Moist Moist Moist Moist
Moist Moist Moist Moist Moist Moist Moist Moist Moist Moist

Moist Moist Moist Moist Moist Moist Moist Moist Moist Moist
Moist Moist Moist Moist Moist Moist Moist Moist Moist Moist
Moist Moist Moist Moist Moist Moist Moist Moist Moist Moist
Moist Moist Moist Moist Moist Moist Moist Moist Moist Moist
Moist Moist Moist Moist Moist Moist Moist Moist Moist Moist
Moist Moist Moist Moist Moist Moist Moist Moist Moist Moist
Moist Moist Moist Moist Moist Moist Moist Moist Moist Moist
Moist Moist Moist Moist Moist Moist Moist Moist Moist Moist
Moist Moist Moist Moist Moist Moist Moist Moist Moist Moist
Moist Moist Moist Moist Moist Moist Moist Moist Moist Moist
Moist Moist Moist Moist Moist Moist Moist Moist Moist Moist
Moist Moist Moist Moist Moist Moist Moist Moist Moist Moist
Moist Moist Moist Moist Moist Moist Moist Moist Moist Moist
Moist Moist Moist Moist Moist Moist Moist Moist Moist Moist
Moist Moist Moist Moist Moist Moist Moist Moist Moist Moist
Moist Moist Moist Moist Moist Moist Moist Moist Moist Moist
Moist Moist Moist Moist Moist Moist Moist Moist Moist Moist
Moist Moist Moist Moist Moist Moist Moist Moist Moist Moist

Moist Moist Moist Moist Moist Moist Moist Moist Moist Moist
Moist Moist Moist Moist Moist Moist Moist Moist Moist Moist
Moist Moist Moist Moist Moist Moist Moist Moist Moist Moist
Moist Moist Moist Moist Moist Moist Moist Moist Moist Moist
Moist Moist Moist Moist Moist Moist Moist Moist Moist Moist
Moist Moist Moist Moist Moist Moist Moist Moist Moist Moist
Moist Moist Moist Moist Moist Moist Moist Moist Moist Moist
Moist Moist Moist Moist Moist Moist Moist Moist Moist Moist
Moist Moist Moist Moist Moist Moist Moist Moist Moist Moist
Moist Moist Moist Moist Moist Moist Moist Moist Moist Moist
Moist Moist Moist Moist Moist Moist Moist Moist Moist Moist
Moist Moist Moist Moist Moist Moist Moist Moist Moist Moist
Moist Moist Moist Moist Moist Moist Moist Moist Moist Moist
Moist Moist Moist Moist Moist Moist Moist Moist Moist Moist
Moist Moist Moist Moist Moist Moist Moist Moist Moist Moist
Moist Moist Moist Moist Moist Moist Moist Moist Moist Moist
Moist Moist Moist Moist Moist Moist Moist Moist Moist Moist
Moist Moist Moist Moist Moist Moist Moist Moist Moist Moist

Moist Moist Moist Moist Moist Moist Moist Moist Moist Moist
Moist Moist Moist Moist Moist Moist Moist Moist Moist Moist
Moist Moist Moist Moist Moist Moist Moist Moist Moist Moist
Moist Moist Moist Moist Moist Moist Moist Moist Moist Moist
Moist Moist Moist Moist Moist Moist Moist Moist Moist Moist
Moist Moist Moist Moist Moist Moist Moist Moist Moist Moist
Moist Moist Moist Moist Moist Moist Moist Moist Moist Moist
Moist Moist Moist Moist Moist Moist Moist Moist Moist Moist
Moist Moist Moist Moist Moist Moist Moist Moist Moist Moist
Moist Moist Moist Moist Moist Moist Moist Moist Moist Moist
Moist Moist Moist Moist Moist Moist Moist Moist Moist Moist
Moist Moist Moist Moist Moist Moist Moist Moist Moist Moist
Moist Moist Moist Moist Moist Moist Moist Moist Moist Moist
Moist Moist Moist Moist Moist Moist Moist Moist Moist Moist
Moist Moist Moist Moist Moist Moist Moist Moist Moist Moist
Moist Moist Moist Moist Moist Moist Moist Moist Moist Moist
Moist Moist Moist Moist Moist Moist Moist Moist Moist Moist
Moist Moist Moist Moist Moist Moist Moist Moist Moist Moist

Moist Moist Moist Moist Moist Moist Moist Moist Moist Moist
Moist Moist Moist Moist Moist Moist Moist Moist Moist Moist
Moist Moist Moist Moist Moist Moist Moist Moist Moist Moist
Moist Moist Moist Moist Moist Moist Moist Moist Moist Moist
Moist Moist Moist Moist Moist Moist Moist Moist Moist Moist
Moist Moist Moist Moist Moist Moist Moist Moist Moist Moist
Moist Moist Moist Moist Moist Moist Moist Moist Moist Moist
Moist Moist Moist Moist Moist Moist Moist Moist Moist Moist
Moist Moist Moist Moist Moist Moist Moist Moist Moist Moist
Moist Moist Moist Moist Moist Moist Moist Moist Moist Moist
Moist Moist Moist Moist Moist Moist Moist Moist Moist Moist
Moist Moist Moist Moist Moist Moist Moist Moist Moist Moist
Moist Moist Moist Moist Moist Moist Moist Moist Moist Moist
Moist Moist Moist Moist Moist Moist Moist Moist Moist Moist
Moist Moist Moist Moist Moist Moist Moist Moist Moist Moist
Moist Moist Moist Moist Moist Moist Moist Moist Moist Moist
Moist Moist Moist Moist Moist Moist Moist Moist Moist Moist
Moist Moist Moist Moist Moist Moist Moist Moist Moist Moist

Moist Moist Moist Moist Moist Moist Moist Moist Moist Moist
Moist Moist Moist Moist Moist Moist Moist Moist Moist Moist
Moist Moist Moist Moist Moist Moist Moist Moist Moist Moist
Moist Moist Moist Moist Moist Moist Moist Moist Moist Moist
Moist Moist Moist Moist Moist Moist Moist Moist Moist Moist
Moist Moist Moist Moist Moist Moist Moist Moist Moist Moist
Moist Moist Moist Moist Moist Moist Moist Moist Moist Moist
Moist Moist Moist Moist Moist Moist Moist Moist Moist Moist
Moist Moist Moist Moist Moist Moist Moist Moist Moist Moist
Moist Moist Moist Moist Moist Moist Moist Moist Moist Moist
Moist Moist Moist Moist Moist Moist Moist Moist Moist Moist
Moist Moist Moist Moist Moist Moist Moist Moist Moist Moist
Moist Moist Moist Moist Moist Moist Moist Moist Moist Moist
Moist Moist Moist Moist Moist Moist Moist Moist Moist Moist
Moist Moist Moist Moist Moist Moist Moist Moist Moist Moist
Moist Moist Moist Moist Moist Moist Moist Moist Moist Moist
Moist Moist Moist Moist Moist Moist Moist Moist Moist Moist
Moist Moist Moist Moist Moist Moist Moist Moist Moist Moist

Moist Moist Moist Moist Moist Moist Moist Moist Moist Moist
Moist Moist Moist Moist Moist Moist Moist Moist Moist Moist
Moist Moist Moist Moist Moist Moist Moist Moist Moist Moist
Moist Moist Moist Moist Moist Moist Moist Moist Moist Moist
Moist Moist Moist Moist Moist Moist Moist Moist Moist Moist
Moist Moist Moist Moist Moist Moist Moist Moist Moist Moist
Moist Moist Moist Moist Moist Moist Moist Moist Moist Moist
Moist Moist Moist Moist Moist Moist Moist Moist Moist Moist
Moist Moist Moist Moist Moist Moist Moist Moist Moist Moist
Moist Moist Moist Moist Moist Moist Moist Moist Moist Moist
Moist Moist Moist Moist Moist Moist Moist Moist Moist Moist
Moist Moist Moist Moist Moist Moist Moist Moist Moist Moist
Moist Moist Moist Moist Moist Moist Moist Moist Moist Moist
Moist Moist Moist Moist Moist Moist Moist Moist Moist Moist
Moist Moist Moist Moist Moist Moist Moist Moist Moist Moist
Moist Moist Moist Moist Moist Moist Moist Moist Moist Moist
Moist Moist Moist Moist Moist Moist Moist Moist Moist Moist
Moist Moist Moist Moist Moist Moist Moist Moist Moist Moist

Moist Moist Moist Moist Moist Moist Moist Moist Moist Moist
Moist Moist Moist Moist Moist Moist Moist Moist Moist Moist
Moist Moist Moist Moist Moist Moist Moist Moist Moist Moist
Moist Moist Moist Moist Moist Moist Moist Moist Moist Moist
Moist Moist Moist Moist Moist Moist Moist Moist Moist Moist
Moist Moist Moist Moist Moist Moist Moist Moist Moist Moist
Moist Moist Moist Moist Moist Moist Moist Moist Moist Moist
Moist Moist Moist Moist Moist Moist Moist Moist Moist Moist
Moist Moist Moist Moist Moist Moist Moist Moist Moist Moist
Moist Moist Moist Moist Moist Moist Moist Moist Moist Moist
Moist Moist Moist Moist Moist Moist Moist Moist Moist Moist
Moist Moist Moist Moist Moist Moist Moist Moist Moist Moist
Moist Moist Moist Moist Moist Moist Moist Moist Moist Moist
Moist Moist Moist Moist Moist Moist Moist Moist Moist Moist
Moist Moist Moist Moist Moist Moist Moist Moist Moist Moist
Moist Moist Moist Moist Moist Moist Moist Moist Moist Moist
Moist Moist Moist Moist Moist Moist Moist Moist Moist Moist
Moist Moist Moist Moist Moist Moist Moist Moist Moist Moist

Moist Moist Moist Moist Moist Moist Moist Moist Moist Moist
Moist Moist Moist Moist Moist Moist Moist Moist Moist Moist
Moist Moist Moist Moist Moist Moist Moist Moist Moist Moist
Moist Moist Moist Moist Moist Moist Moist Moist Moist Moist
Moist Moist Moist Moist Moist Moist Moist Moist Moist Moist
Moist Moist Moist Moist Moist Moist Moist Moist Moist Moist
Moist Moist Moist Moist Moist Moist Moist Moist Moist Moist
Moist Moist Moist Moist Moist Moist Moist Moist Moist Moist
Moist Moist Moist Moist Moist Moist Moist Moist Moist Moist
Moist Moist Moist Moist Moist Moist Moist Moist Moist Moist
Moist Moist Moist Moist Moist Moist Moist Moist Moist Moist
Moist Moist Moist Moist Moist Moist Moist Moist Moist Moist
Moist Moist Moist Moist Moist Moist Moist Moist Moist Moist
Moist Moist Moist Moist Moist Moist Moist Moist Moist Moist
Moist Moist Moist Moist Moist Moist Moist Moist Moist Moist
Moist Moist Moist Moist Moist Moist Moist Moist Moist Moist
Moist Moist Moist Moist Moist Moist Moist Moist Moist Moist
Moist Moist Moist Moist Moist Moist Moist Moist Moist Moist

Moist Moist Moist Moist Moist Moist Moist Moist Moist Moist
Moist Moist Moist Moist Moist Moist Moist Moist Moist Moist
Moist Moist Moist Moist Moist Moist Moist Moist Moist Moist
Moist Moist Moist Moist Moist Moist Moist Moist Moist Moist
Moist Moist Moist Moist Moist Moist Moist Moist Moist Moist
Moist Moist Moist Moist Moist Moist Moist Moist Moist Moist
Moist Moist Moist Moist Moist Moist Moist Moist Moist Moist
Moist Moist Moist Moist Moist Moist Moist Moist Moist Moist
Moist Moist Moist Moist Moist Moist Moist Moist Moist Moist
Moist Moist Moist Moist Moist Moist Moist Moist Moist Moist
Moist Moist Moist Moist Moist Moist Moist Moist Moist Moist
Moist Moist Moist Moist Moist Moist Moist Moist Moist Moist
Moist Moist Moist Moist Moist Moist Moist Moist Moist Moist
Moist Moist Moist Moist Moist Moist Moist Moist Moist Moist
Moist Moist Moist Moist Moist Moist Moist Moist Moist Moist
Moist Moist Moist Moist Moist Moist Moist Moist Moist Moist
Moist Moist Moist Moist Moist Moist Moist Moist Moist Moist
Moist Moist Moist Moist Moist Moist Moist Moist Moist Moist

Moist Moist Moist Moist Moist Moist Moist Moist Moist Moist
Moist Moist Moist Moist Moist Moist Moist Moist Moist Moist
Moist Moist Moist Moist Moist Moist Moist Moist Moist Moist
Moist Moist Moist Moist Moist Moist Moist Moist Moist Moist
Moist Moist Moist Moist Moist Moist Moist Moist Moist Moist
Moist Moist Moist Moist Moist Moist Moist Moist Moist Moist
Moist Moist Moist Moist Moist Moist Moist Moist Moist Moist
Moist Moist Moist Moist Moist Moist Moist Moist Moist Moist
Moist Moist Moist Moist Moist Moist Moist Moist Moist Moist
Moist Moist Moist Moist Moist Moist Moist Moist Moist Moist
Moist Moist Moist Moist Moist Moist Moist Moist Moist Moist
Moist Moist Moist Moist Moist Moist Moist Moist Moist Moist
Moist Moist Moist Moist Moist Moist Moist Moist Moist Moist
Moist Moist Moist Moist Moist Moist Moist Moist Moist Moist
Moist Moist Moist Moist Moist Moist Moist Moist Moist Moist
Moist Moist Moist Moist Moist Moist Moist Moist Moist Moist
Moist Moist Moist Moist Moist Moist Moist Moist Moist Moist
Moist Moist Moist Moist Moist Moist Moist Moist Moist Moist

Moist Moist Moist Moist Moist Moist Moist Moist Moist Moist
Moist Moist Moist Moist Moist Moist Moist Moist Moist Moist
Moist Moist Moist Moist Moist Moist Moist Moist Moist Moist
Moist Moist Moist Moist Moist Moist Moist Moist Moist Moist
Moist Moist Moist Moist Moist Moist Moist Moist Moist Moist
Moist Moist Moist Moist Moist Moist Moist Moist Moist Moist
Moist Moist Moist Moist Moist Moist Moist Moist Moist Moist
Moist Moist Moist Moist Moist Moist Moist Moist Moist Moist
Moist Moist Moist Moist Moist Moist Moist Moist Moist Moist
Moist Moist Moist Moist Moist Moist Moist Moist Moist Moist
Moist Moist Moist Moist Moist Moist Moist Moist Moist Moist
Moist Moist Moist Moist Moist Moist Moist Moist Moist Moist
Moist Moist Moist Moist Moist Moist Moist Moist Moist Moist
Moist Moist Moist Moist Moist Moist Moist Moist Moist Moist
Moist Moist Moist Moist Moist Moist Moist Moist Moist Moist
Moist Moist Moist Moist Moist Moist Moist Moist Moist Moist
Moist Moist Moist Moist Moist Moist Moist Moist Moist Moist
Moist Moist Moist Moist Moist Moist Moist Moist Moist Moist

Moist Moist Moist Moist Moist Moist Moist Moist Moist Moist
Moist Moist Moist Moist Moist Moist Moist Moist Moist Moist
Moist Moist Moist Moist Moist Moist Moist Moist Moist Moist
Moist Moist Moist Moist Moist Moist Moist Moist Moist Moist
Moist Moist Moist Moist Moist Moist Moist Moist Moist Moist
Moist Moist Moist Moist Moist Moist Moist Moist Moist Moist
Moist Moist Moist Moist Moist Moist Moist Moist Moist Moist
Moist Moist Moist Moist Moist Moist Moist Moist Moist Moist
Moist Moist Moist Moist Moist Moist Moist Moist Moist Moist
Moist Moist Moist Moist Moist Moist Moist Moist Moist Moist
Moist Moist Moist Moist Moist Moist Moist Moist Moist Moist
Moist Moist Moist Moist Moist Moist Moist Moist Moist Moist
Moist Moist Moist Moist Moist Moist Moist Moist Moist Moist
Moist Moist Moist Moist Moist Moist Moist Moist Moist Moist
Moist Moist Moist Moist Moist Moist Moist Moist Moist Moist
Moist Moist Moist Moist Moist Moist Moist Moist Moist Moist
Moist Moist Moist Moist Moist Moist Moist Moist Moist Moist
Moist Moist Moist Moist Moist Moist Moist Moist Moist Moist

Moist Moist Moist Moist Moist Moist Moist Moist Moist Moist
Moist Moist Moist Moist Moist Moist Moist Moist Moist Moist
Moist Moist Moist Moist Moist Moist Moist Moist Moist Moist
Moist Moist Moist Moist Moist Moist Moist Moist Moist Moist
Moist Moist Moist Moist Moist Moist Moist Moist Moist Moist
Moist Moist Moist Moist Moist Moist Moist Moist Moist Moist
Moist Moist Moist Moist Moist Moist Moist Moist Moist Moist
Moist Moist Moist Moist Moist Moist Moist Moist Moist Moist
Moist Moist Moist Moist Moist Moist Moist Moist Moist Moist
Moist Moist Moist Moist Moist Moist Moist Moist Moist Moist
Moist Moist Moist Moist Moist Moist Moist Moist Moist Moist
Moist Moist Moist Moist Moist Moist Moist Moist Moist Moist
Moist Moist Moist Moist Moist Moist Moist Moist Moist Moist
Moist Moist Moist Moist Moist Moist Moist Moist Moist Moist
Moist Moist Moist Moist Moist Moist Moist Moist Moist Moist
Moist Moist Moist Moist Moist Moist Moist Moist Moist Moist
Moist Moist Moist Moist Moist Moist Moist Moist Moist Moist
Moist Moist Moist Moist Moist Moist Moist Moist Moist Moist

Moist Moist Moist Moist Moist Moist Moist Moist Moist Moist
Moist Moist Moist Moist Moist Moist Moist Moist Moist Moist
Moist Moist Moist Moist Moist Moist Moist Moist Moist Moist
Moist Moist Moist Moist Moist Moist Moist Moist Moist Moist
Moist Moist Moist Moist Moist Moist Moist Moist Moist Moist
Moist Moist Moist Moist Moist Moist Moist Moist Moist Moist
Moist Moist Moist Moist Moist Moist Moist Moist Moist Moist
Moist Moist Moist Moist Moist Moist Moist Moist Moist Moist
Moist Moist Moist Moist Moist Moist Moist Moist Moist Moist
Moist Moist Moist Moist Moist Moist Moist Moist Moist Moist
Moist Moist Moist Moist Moist Moist Moist Moist Moist Moist
Moist Moist Moist Moist Moist Moist Moist Moist Moist Moist
Moist Moist Moist Moist Moist Moist Moist Moist Moist Moist
Moist Moist Moist Moist Moist Moist Moist Moist Moist Moist
Moist Moist Moist Moist Moist Moist Moist Moist Moist Moist
Moist Moist Moist Moist Moist Moist Moist Moist Moist Moist
Moist Moist Moist Moist Moist Moist Moist Moist Moist Moist
Moist Moist Moist Moist Moist Moist Moist Moist Moist Moist

Moist Moist Moist Moist Moist Moist Moist Moist Moist Moist
Moist Moist Moist Moist Moist Moist Moist Moist Moist Moist
Moist Moist Moist Moist Moist Moist Moist Moist Moist Moist
Moist Moist Moist Moist Moist Moist Moist Moist Moist Moist
Moist Moist Moist Moist Moist Moist Moist Moist Moist Moist
Moist Moist Moist Moist Moist Moist Moist Moist Moist Moist
Moist Moist Moist Moist Moist Moist Moist Moist Moist Moist
Moist Moist Moist Moist Moist Moist Moist Moist Moist Moist
Moist Moist Moist Moist Moist Moist Moist Moist Moist Moist
Moist Moist Moist Moist Moist Moist Moist Moist Moist Moist
Moist Moist Moist Moist Moist Moist Moist Moist Moist Moist
Moist Moist Moist Moist Moist Moist Moist Moist Moist Moist
Moist Moist Moist Moist Moist Moist Moist Moist Moist Moist
Moist Moist Moist Moist Moist Moist Moist Moist Moist Moist
Moist Moist Moist Moist Moist Moist Moist Moist Moist Moist
Moist Moist Moist Moist Moist Moist Moist Moist Moist Moist
Moist Moist Moist Moist Moist Moist Moist Moist Moist Moist
Moist Moist Moist Moist Moist Moist Moist Moist Moist Moist

Moist Moist Moist Moist Moist Moist Moist Moist Moist Moist
Moist Moist Moist Moist Moist Moist Moist Moist Moist Moist
Moist Moist Moist Moist Moist Moist Moist Moist Moist Moist
Moist Moist Moist Moist Moist Moist Moist Moist Moist Moist
Moist Moist Moist Moist Moist Moist Moist Moist Moist Moist
Moist Moist Moist Moist Moist Moist Moist Moist Moist Moist
Moist Moist Moist Moist Moist Moist Moist Moist Moist Moist
Moist Moist Moist Moist Moist Moist Moist Moist Moist Moist
Moist Moist Moist Moist Moist Moist Moist Moist Moist Moist
Moist Moist Moist Moist Moist Moist Moist Moist Moist Moist
Moist Moist Moist Moist Moist Moist Moist Moist Moist Moist
Moist Moist Moist Moist Moist Moist Moist Moist Moist Moist
Moist Moist Moist Moist Moist Moist Moist Moist Moist Moist
Moist Moist Moist Moist Moist Moist Moist Moist Moist Moist
Moist Moist Moist Moist Moist Moist Moist Moist Moist Moist
Moist Moist Moist Moist Moist Moist Moist Moist Moist Moist
Moist Moist Moist Moist Moist Moist Moist Moist Moist Moist
Moist Moist Moist Moist Moist Moist Moist Moist Moist Moist

Moist Moist Moist Moist Moist Moist Moist Moist Moist Moist
Moist Moist Moist Moist Moist Moist Moist Moist Moist Moist
Moist Moist Moist Moist Moist Moist Moist Moist Moist Moist
Moist Moist Moist Moist Moist Moist Moist Moist Moist Moist
Moist Moist Moist Moist Moist Moist Moist Moist Moist Moist
Moist Moist Moist Moist Moist Moist Moist Moist Moist Moist
Moist Moist Moist Moist Moist Moist Moist Moist Moist Moist
Moist Moist Moist Moist Moist Moist Moist Moist Moist Moist
Moist Moist Moist Moist Moist Moist Moist Moist Moist Moist
Moist Moist Moist Moist Moist Moist Moist Moist Moist Moist
Moist Moist Moist Moist Moist Moist Moist Moist Moist Moist
Moist Moist Moist Moist Moist Moist Moist Moist Moist Moist
Moist Moist Moist Moist Moist Moist Moist Moist Moist Moist
Moist Moist Moist Moist Moist Moist Moist Moist Moist Moist
Moist Moist Moist Moist Moist Moist Moist Moist Moist Moist
Moist Moist Moist Moist Moist Moist Moist Moist Moist Moist
Moist Moist Moist Moist Moist Moist Moist Moist Moist Moist
Moist Moist Moist Moist Moist Moist Moist Moist Moist Moist

Moist Moist Moist Moist Moist Moist Moist Moist Moist Moist
Moist Moist Moist Moist Moist Moist Moist Moist Moist Moist
Moist Moist Moist Moist Moist Moist Moist Moist Moist Moist
Moist Moist Moist Moist Moist Moist Moist Moist Moist Moist
Moist Moist Moist Moist Moist Moist Moist Moist Moist Moist
Moist Moist Moist Moist Moist Moist Moist Moist Moist Moist
Moist Moist Moist Moist Moist Moist Moist Moist Moist Moist
Moist Moist Moist Moist Moist Moist Moist Moist Moist Moist
Moist Moist Moist Moist Moist Moist Moist Moist Moist Moist
Moist Moist Moist Moist Moist Moist Moist Moist Moist Moist
Moist Moist Moist Moist Moist Moist Moist Moist Moist Moist
Moist Moist Moist Moist Moist Moist Moist Moist Moist Moist
Moist Moist Moist Moist Moist Moist Moist Moist Moist Moist
Moist Moist Moist Moist Moist Moist Moist Moist Moist Moist
Moist Moist Moist Moist Moist Moist Moist Moist Moist Moist
Moist Moist Moist Moist Moist Moist Moist Moist Moist Moist
Moist Moist Moist Moist Moist Moist Moist Moist Moist Moist
Moist Moist Moist Moist Moist Moist Moist Moist Moist Moist

Moist Moist Moist Moist Moist Moist Moist Moist Moist Moist
Moist Moist Moist Moist Moist Moist Moist Moist Moist Moist
Moist Moist Moist Moist Moist Moist Moist Moist Moist Moist
Moist Moist Moist Moist Moist Moist Moist Moist Moist Moist
Moist Moist Moist Moist Moist Moist Moist Moist Moist Moist
Moist Moist Moist Moist Moist Moist Moist Moist Moist Moist
Moist Moist Moist Moist Moist Moist Moist Moist Moist Moist
Moist Moist Moist Moist Moist Moist Moist Moist Moist Moist
Moist Moist Moist Moist Moist Moist Moist Moist Moist Moist
Moist Moist Moist Moist Moist Moist Moist Moist Moist Moist
Moist Moist Moist Moist Moist Moist Moist Moist Moist Moist
Moist Moist Moist Moist Moist Moist Moist Moist Moist Moist
Moist Moist Moist Moist Moist Moist Moist Moist Moist Moist
Moist Moist Moist Moist Moist Moist Moist Moist Moist Moist
Moist Moist Moist Moist Moist Moist Moist Moist Moist Moist
Moist Moist Moist Moist Moist Moist Moist Moist Moist Moist
Moist Moist Moist Moist Moist Moist Moist Moist Moist Moist
Moist Moist Moist Moist Moist Moist Moist Moist Moist Moist

Moist Moist Moist Moist Moist Moist Moist Moist Moist Moist
Moist Moist Moist Moist Moist Moist Moist Moist Moist Moist
Moist Moist Moist Moist Moist Moist Moist Moist Moist Moist
Moist Moist Moist Moist Moist Moist Moist Moist Moist Moist
Moist Moist Moist Moist Moist Moist Moist Moist Moist Moist
Moist Moist Moist Moist Moist Moist Moist Moist Moist Moist
Moist Moist Moist Moist Moist Moist Moist Moist Moist Moist
Moist Moist Moist Moist Moist Moist Moist Moist Moist Moist
Moist Moist Moist Moist Moist Moist Moist Moist Moist Moist
Moist Moist Moist Moist Moist Moist Moist Moist Moist Moist
Moist Moist Moist Moist Moist Moist Moist Moist Moist Moist
Moist Moist Moist Moist Moist Moist Moist Moist Moist Moist
Moist Moist Moist Moist Moist Moist Moist Moist Moist Moist
Moist Moist Moist Moist Moist Moist Moist Moist Moist Moist
Moist Moist Moist Moist Moist Moist Moist Moist Moist Moist
Moist Moist Moist Moist Moist Moist Moist Moist Moist Moist
Moist Moist Moist Moist Moist Moist Moist Moist Moist Moist
Moist Moist Moist Moist Moist Moist Moist Moist Moist Moist

Moist Moist Moist Moist Moist Moist Moist Moist Moist Moist
Moist Moist Moist Moist Moist Moist Moist Moist Moist Moist
Moist Moist Moist Moist Moist Moist Moist Moist Moist Moist
Moist Moist Moist Moist Moist Moist Moist Moist Moist Moist
Moist Moist Moist Moist Moist Moist Moist Moist Moist Moist
Moist Moist Moist Moist Moist Moist Moist Moist Moist Moist
Moist Moist Moist Moist Moist Moist Moist Moist Moist Moist
Moist Moist Moist Moist Moist Moist Moist Moist Moist Moist
Moist Moist Moist Moist Moist Moist Moist Moist Moist Moist
Moist Moist Moist Moist Moist Moist Moist Moist Moist Moist
Moist Moist Moist Moist Moist Moist Moist Moist Moist Moist
Moist Moist Moist Moist Moist Moist Moist Moist Moist Moist
Moist Moist Moist Moist Moist Moist Moist Moist Moist Moist
Moist Moist Moist Moist Moist Moist Moist Moist Moist Moist
Moist Moist Moist Moist Moist Moist Moist Moist Moist Moist
Moist Moist Moist Moist Moist Moist Moist Moist Moist Moist
Moist Moist Moist Moist Moist Moist Moist Moist Moist Moist
Moist Moist Moist Moist Moist Moist Moist Moist Moist Moist

Moist Moist Moist Moist Moist Moist Moist Moist Moist Moist
Moist Moist Moist Moist Moist Moist Moist Moist Moist Moist
Moist Moist Moist Moist Moist Moist Moist Moist Moist Moist
Moist Moist Moist Moist Moist Moist Moist Moist Moist Moist
Moist Moist Moist Moist Moist Moist Moist Moist Moist Moist
Moist Moist Moist Moist Moist Moist Moist Moist Moist Moist
Moist Moist Moist Moist Moist Moist Moist Moist Moist Moist
Moist Moist Moist Moist Moist Moist Moist Moist Moist Moist
Moist Moist Moist Moist Moist Moist Moist Moist Moist Moist
Moist Moist Moist Moist Moist Moist Moist Moist Moist Moist
Moist Moist Moist Moist Moist Moist Moist Moist Moist Moist
Moist Moist Moist Moist Moist Moist Moist Moist Moist Moist
Moist Moist Moist Moist Moist Moist Moist Moist Moist Moist
Moist Moist Moist Moist Moist Moist Moist Moist Moist Moist
Moist Moist Moist Moist Moist Moist Moist Moist Moist Moist
Moist Moist Moist Moist Moist Moist Moist Moist Moist Moist
Moist Moist Moist Moist Moist Moist Moist Moist Moist Moist
Moist Moist Moist Moist Moist Moist Moist Moist Moist Moist

Moist Moist Moist Moist Moist Moist Moist Moist Moist Moist
Moist Moist Moist Moist Moist Moist Moist Moist Moist Moist
Moist Moist Moist Moist Moist Moist Moist Moist Moist Moist
Moist Moist Moist Moist Moist Moist Moist Moist Moist Moist
Moist Moist Moist Moist Moist Moist Moist Moist Moist Moist
Moist Moist Moist Moist Moist Moist Moist Moist Moist Moist
Moist Moist Moist Moist Moist Moist Moist Moist Moist Moist
Moist Moist Moist Moist Moist Moist Moist Moist Moist Moist
Moist Moist Moist Moist Moist Moist Moist Moist Moist Moist
Moist Moist Moist Moist Moist Moist Moist Moist Moist Moist
Moist Moist Moist Moist Moist Moist Moist Moist Moist Moist
Moist Moist Moist Moist Moist Moist Moist Moist Moist Moist
Moist Moist Moist Moist Moist Moist Moist Moist Moist Moist
Moist Moist Moist Moist Moist Moist Moist Moist Moist Moist
Moist Moist Moist Moist Moist Moist Moist Moist Moist Moist
Moist Moist Moist Moist Moist Moist Moist Moist Moist Moist
Moist Moist Moist Moist Moist Moist Moist Moist Moist Moist
Moist Moist Moist Moist Moist Moist Moist Moist Moist Moist

Moist Moist Moist Moist Moist Moist Moist Moist Moist Moist
Moist Moist Moist Moist Moist Moist Moist Moist Moist Moist
Moist Moist Moist Moist Moist Moist Moist Moist Moist Moist
Moist Moist Moist Moist Moist Moist Moist Moist Moist Moist
Moist Moist Moist Moist Moist Moist Moist Moist Moist Moist
Moist Moist Moist Moist Moist Moist Moist Moist Moist Moist
Moist Moist Moist Moist Moist Moist Moist Moist Moist Moist
Moist Moist Moist Moist Moist Moist Moist Moist Moist Moist
Moist Moist Moist Moist Moist Moist Moist Moist Moist Moist
Moist Moist Moist Moist Moist Moist Moist Moist Moist Moist
Moist Moist Moist Moist Moist Moist Moist Moist Moist Moist
Moist Moist Moist Moist Moist Moist Moist Moist Moist Moist
Moist Moist Moist Moist Moist Moist Moist Moist Moist Moist
Moist Moist Moist Moist Moist Moist Moist Moist Moist Moist
Moist Moist Moist Moist Moist Moist Moist Moist Moist Moist
Moist Moist Moist Moist Moist Moist Moist Moist Moist Moist
Moist Moist Moist Moist Moist Moist Moist Moist Moist Moist
Moist Moist Moist Moist Moist Moist Moist Moist Moist Moist

Moist Moist Moist Moist Moist Moist Moist Moist Moist Moist
Moist Moist Moist Moist Moist Moist Moist Moist Moist Moist
Moist Moist Moist Moist Moist Moist Moist Moist Moist Moist
Moist Moist Moist Moist Moist Moist Moist Moist Moist Moist
Moist Moist Moist Moist Moist Moist Moist Moist Moist Moist
Moist Moist Moist Moist Moist Moist Moist Moist Moist Moist
Moist Moist Moist Moist Moist Moist Moist Moist Moist Moist
Moist Moist Moist Moist Moist Moist Moist Moist Moist Moist
Moist Moist Moist Moist Moist Moist Moist Moist Moist Moist
Moist Moist Moist Moist Moist Moist Moist Moist Moist Moist
Moist Moist Moist Moist Moist Moist Moist Moist Moist Moist
Moist Moist Moist Moist Moist Moist Moist Moist Moist Moist
Moist Moist Moist Moist Moist Moist Moist Moist Moist Moist
Moist Moist Moist Moist Moist Moist Moist Moist Moist Moist
Moist Moist Moist Moist Moist Moist Moist Moist Moist Moist
Moist Moist Moist Moist Moist Moist Moist Moist Moist Moist
Moist Moist Moist Moist Moist Moist Moist Moist Moist Moist
Moist Moist Moist Moist Moist Moist Moist Moist Moist Moist

Moist Moist Moist Moist Moist Moist Moist Moist Moist Moist
Moist Moist Moist Moist Moist Moist Moist Moist Moist Moist
Moist Moist Moist Moist Moist Moist Moist Moist Moist Moist
Moist Moist Moist Moist Moist Moist Moist Moist Moist Moist
Moist Moist Moist Moist Moist Moist Moist Moist Moist Moist
Moist Moist Moist Moist Moist Moist Moist Moist Moist Moist
Moist Moist Moist Moist Moist Moist Moist Moist Moist Moist
Moist Moist Moist Moist Moist Moist Moist Moist Moist Moist
Moist Moist Moist Moist Moist Moist Moist Moist Moist Moist
Moist Moist Moist Moist Moist Moist Moist Moist Moist Moist
Moist Moist Moist Moist Moist Moist Moist Moist Moist Moist
Moist Moist Moist Moist Moist Moist Moist Moist Moist Moist
Moist Moist Moist Moist Moist Moist Moist Moist Moist Moist
Moist Moist Moist Moist Moist Moist Moist Moist Moist Moist
Moist Moist Moist Moist Moist Moist Moist Moist Moist Moist
Moist Moist Moist Moist Moist Moist Moist Moist Moist Moist
Moist Moist Moist Moist Moist Moist Moist Moist Moist Moist
Moist Moist Moist Moist Moist Moist Moist Moist Moist Moist

Moist Moist Moist Moist Moist Moist Moist Moist Moist Moist
Moist Moist Moist Moist Moist Moist Moist Moist Moist Moist
Moist Moist Moist Moist Moist Moist Moist Moist Moist Moist
Moist Moist Moist Moist Moist Moist Moist Moist Moist Moist
Moist Moist Moist Moist Moist Moist Moist Moist Moist Moist
Moist Moist Moist Moist Moist Moist Moist Moist Moist Moist
Moist Moist Moist Moist Moist Moist Moist Moist Moist Moist
Moist Moist Moist Moist Moist Moist Moist Moist Moist Moist
Moist Moist Moist Moist Moist Moist Moist Moist Moist Moist
Moist Moist Moist Moist Moist Moist Moist Moist Moist Moist
Moist Moist Moist Moist Moist Moist Moist Moist Moist Moist
Moist Moist Moist Moist Moist Moist Moist Moist Moist Moist
Moist Moist Moist Moist Moist Moist Moist Moist Moist Moist
Moist Moist Moist Moist Moist Moist Moist Moist Moist Moist
Moist Moist Moist Moist Moist Moist Moist Moist Moist Moist
Moist Moist Moist Moist Moist Moist Moist Moist Moist Moist
Moist Moist Moist Moist Moist Moist Moist Moist Moist Moist
Moist Moist Moist Moist Moist Moist Moist Moist Moist Moist

Moist Moist Moist Moist Moist Moist Moist Moist Moist Moist
Moist Moist Moist Moist Moist Moist Moist Moist Moist Moist
Moist Moist Moist Moist Moist Moist Moist Moist Moist Moist
Moist Moist Moist Moist Moist Moist Moist Moist Moist Moist
Moist Moist Moist Moist Moist Moist Moist Moist Moist Moist
Moist Moist Moist Moist Moist Moist Moist Moist Moist Moist
Moist Moist Moist Moist Moist Moist Moist Moist Moist Moist
Moist Moist Moist Moist Moist Moist Moist Moist Moist Moist
Moist Moist Moist Moist Moist Moist Moist Moist Moist Moist
Moist Moist Moist Moist Moist Moist Moist Moist Moist Moist
Moist Moist Moist Moist Moist Moist Moist Moist Moist Moist
Moist Moist Moist Moist Moist Moist Moist Moist Moist Moist
Moist Moist Moist Moist Moist Moist Moist Moist Moist Moist
Moist Moist Moist Moist Moist Moist Moist Moist Moist Moist
Moist Moist Moist Moist Moist Moist Moist Moist Moist Moist
Moist Moist Moist Moist Moist Moist Moist Moist Moist Moist
Moist Moist Moist Moist Moist Moist Moist Moist Moist Moist
Moist Moist Moist Moist Moist Moist Moist Moist Moist Moist

Moist Moist Moist Moist Moist Moist Moist Moist Moist Moist
Moist Moist Moist Moist Moist Moist Moist Moist Moist Moist
Moist Moist Moist Moist Moist Moist Moist Moist Moist Moist
Moist Moist Moist Moist Moist Moist Moist Moist Moist Moist
Moist Moist Moist Moist Moist Moist Moist Moist Moist Moist
Moist Moist Moist Moist Moist Moist Moist Moist Moist Moist
Moist Moist Moist Moist Moist Moist Moist Moist Moist Moist
Moist Moist Moist Moist Moist Moist Moist Moist Moist Moist
Moist Moist Moist Moist Moist Moist Moist Moist Moist Moist
Moist Moist Moist Moist Moist Moist Moist Moist Moist Moist
Moist Moist Moist Moist Moist Moist Moist Moist Moist Moist
Moist Moist Moist Moist Moist Moist Moist Moist Moist Moist
Moist Moist Moist Moist Moist Moist Moist Moist Moist Moist
Moist Moist Moist Moist Moist Moist Moist Moist Moist Moist
Moist Moist Moist Moist Moist Moist Moist Moist Moist Moist
Moist Moist Moist Moist Moist Moist Moist Moist Moist Moist
Moist Moist Moist Moist Moist Moist Moist Moist Moist Moist
Moist Moist Moist Moist Moist Moist Moist Moist Moist Moist

Moist Moist Moist Moist Moist Moist Moist Moist Moist Moist
Moist Moist Moist Moist Moist Moist Moist Moist Moist Moist
Moist Moist Moist Moist Moist Moist Moist Moist Moist Moist
Moist Moist Moist Moist Moist Moist Moist Moist Moist Moist
Moist Moist Moist Moist Moist Moist Moist Moist Moist Moist
Moist Moist Moist Moist Moist Moist Moist Moist Moist Moist
Moist Moist Moist Moist Moist Moist Moist Moist Moist Moist
Moist Moist Moist Moist Moist Moist Moist Moist Moist Moist
Moist Moist Moist Moist Moist Moist Moist Moist Moist Moist
Moist Moist Moist Moist Moist Moist Moist Moist Moist Moist
Moist Moist Moist Moist Moist Moist Moist Moist Moist Moist
Moist Moist Moist Moist Moist Moist Moist Moist Moist Moist
Moist Moist Moist Moist Moist Moist Moist Moist Moist Moist
Moist Moist Moist Moist Moist Moist Moist Moist Moist Moist
Moist Moist Moist Moist Moist Moist Moist Moist Moist Moist
Moist Moist Moist Moist Moist Moist Moist Moist Moist Moist
Moist Moist Moist Moist Moist Moist Moist Moist Moist Moist
Moist Moist Moist Moist Moist Moist Moist Moist Moist Moist

Moist Moist Moist Moist Moist Moist Moist Moist Moist Moist
Moist Moist Moist Moist Moist Moist Moist Moist Moist Moist
Moist Moist Moist Moist Moist Moist Moist Moist Moist Moist
Moist Moist Moist Moist Moist Moist Moist Moist Moist Moist
Moist Moist Moist Moist Moist Moist Moist Moist Moist Moist
Moist Moist Moist Moist Moist Moist Moist Moist Moist Moist
Moist Moist Moist Moist Moist Moist Moist Moist Moist Moist
Moist Moist Moist Moist Moist Moist Moist Moist Moist Moist
Moist Moist Moist Moist Moist Moist Moist Moist Moist Moist
Moist Moist Moist Moist Moist Moist Moist Moist Moist Moist
Moist Moist Moist Moist Moist Moist Moist Moist Moist Moist
Moist Moist Moist Moist Moist Moist Moist Moist Moist Moist
Moist Moist Moist Moist Moist Moist Moist Moist Moist Moist
Moist Moist Moist Moist Moist Moist Moist Moist Moist Moist
Moist Moist Moist Moist Moist Moist Moist Moist Moist Moist
Moist Moist Moist Moist Moist Moist Moist Moist Moist Moist
Moist Moist Moist Moist Moist Moist Moist Moist Moist Moist
Moist Moist Moist Moist Moist Moist Moist Moist Moist Moist

Moist Moist Moist Moist Moist Moist Moist Moist Moist Moist
Moist Moist Moist Moist Moist Moist Moist Moist Moist Moist
Moist Moist Moist Moist Moist Moist Moist Moist Moist Moist
Moist Moist Moist Moist Moist Moist Moist Moist Moist Moist
Moist Moist Moist Moist Moist Moist Moist Moist Moist Moist
Moist Moist Moist Moist Moist Moist Moist Moist Moist Moist
Moist Moist Moist Moist Moist Moist Moist Moist Moist Moist
Moist Moist Moist Moist Moist Moist Moist Moist Moist Moist
Moist Moist Moist Moist Moist Moist Moist Moist Moist Moist
Moist Moist Moist Moist Moist Moist Moist Moist Moist Moist
Moist Moist Moist Moist Moist Moist Moist Moist Moist Moist
Moist Moist Moist Moist Moist Moist Moist Moist Moist Moist
Moist Moist Moist Moist Moist Moist Moist Moist Moist Moist
Moist Moist Moist Moist Moist Moist Moist Moist Moist Moist
Moist Moist Moist Moist Moist Moist Moist Moist Moist Moist
Moist Moist Moist Moist Moist Moist Moist Moist Moist Moist
Moist Moist Moist Moist Moist Moist Moist Moist Moist Moist
Moist Moist Moist Moist Moist Moist Moist Moist Moist Moist

Moist Moist Moist Moist Moist Moist Moist Moist Moist Moist
Moist Moist Moist Moist Moist Moist Moist Moist Moist Moist
Moist Moist Moist Moist Moist Moist Moist Moist Moist Moist
Moist Moist Moist Moist Moist Moist Moist Moist Moist Moist
Moist Moist Moist Moist Moist Moist Moist Moist Moist Moist
Moist Moist Moist Moist Moist Moist Moist Moist Moist Moist
Moist Moist Moist Moist Moist Moist Moist Moist Moist Moist
Moist Moist Moist Moist Moist Moist Moist Moist Moist Moist
Moist Moist Moist Moist Moist Moist Moist Moist Moist Moist
Moist Moist Moist Moist Moist Moist Moist Moist Moist Moist
Moist Moist Moist Moist Moist Moist Moist Moist Moist Moist
Moist Moist Moist Moist Moist Moist Moist Moist Moist Moist
Moist Moist Moist Moist Moist Moist Moist Moist Moist Moist
Moist Moist Moist Moist Moist Moist Moist Moist Moist Moist
Moist Moist Moist Moist Moist Moist Moist Moist Moist Moist
Moist Moist Moist Moist Moist Moist Moist Moist Moist Moist
Moist Moist Moist Moist Moist Moist Moist Moist Moist Moist
Moist Moist Moist Moist Moist Moist Moist Moist Moist Moist

Moist Moist Moist Moist Moist Moist Moist Moist Moist Moist
Moist Moist Moist Moist Moist Moist Moist Moist Moist Moist
Moist Moist Moist Moist Moist Moist Moist Moist Moist Moist
Moist Moist Moist Moist Moist Moist Moist Moist Moist Moist
Moist Moist Moist Moist Moist Moist Moist Moist Moist Moist
Moist Moist Moist Moist Moist Moist Moist Moist Moist Moist
Moist Moist Moist Moist Moist Moist Moist Moist Moist Moist
Moist Moist Moist Moist Moist Moist Moist Moist Moist Moist
Moist Moist Moist Moist Moist Moist Moist Moist Moist Moist
Moist Moist Moist Moist Moist Moist Moist Moist Moist Moist
Moist Moist Moist Moist Moist Moist Moist Moist Moist Moist
Moist Moist Moist Moist Moist Moist Moist Moist Moist Moist
Moist Moist Moist Moist Moist Moist Moist Moist Moist Moist
Moist Moist Moist Moist Moist Moist Moist Moist Moist Moist
Moist Moist Moist Moist Moist Moist Moist Moist Moist Moist
Moist Moist Moist Moist Moist Moist Moist Moist Moist Moist
Moist Moist Moist Moist Moist Moist Moist Moist Moist Moist
Moist Moist Moist Moist Moist Moist Moist Moist Moist Moist

Moist Moist Moist Moist Moist Moist Moist Moist Moist Moist
Moist Moist Moist Moist Moist Moist Moist Moist Moist Moist
Moist Moist Moist Moist Moist Moist Moist Moist Moist Moist
Moist Moist Moist Moist Moist Moist Moist Moist Moist Moist
Moist Moist Moist Moist Moist Moist Moist Moist Moist Moist
Moist Moist Moist Moist Moist Moist Moist Moist Moist Moist
Moist Moist Moist Moist Moist Moist Moist Moist Moist Moist
Moist Moist Moist Moist Moist Moist Moist Moist Moist Moist
Moist Moist Moist Moist Moist Moist Moist Moist Moist Moist
Moist Moist Moist Moist Moist Moist Moist Moist Moist Moist
Moist Moist Moist Moist Moist Moist Moist Moist Moist Moist
Moist Moist Moist Moist Moist Moist Moist Moist Moist Moist
Moist Moist Moist Moist Moist Moist Moist Moist Moist Moist
Moist Moist Moist Moist Moist Moist Moist Moist Moist Moist
Moist Moist Moist Moist Moist Moist Moist Moist Moist Moist
Moist Moist Moist Moist Moist Moist Moist Moist Moist Moist
Moist Moist Moist Moist Moist Moist Moist Moist Moist Moist
Moist Moist Moist Moist Moist Moist Moist Moist Moist Moist

Moist Moist Moist Moist Moist Moist Moist Moist Moist Moist
Moist Moist Moist Moist Moist Moist Moist Moist Moist Moist
Moist Moist Moist Moist Moist Moist Moist Moist Moist Moist
Moist Moist Moist Moist Moist Moist Moist Moist Moist Moist
Moist Moist Moist Moist Moist Moist Moist Moist Moist Moist
Moist Moist Moist Moist Moist Moist Moist Moist Moist Moist
Moist Moist Moist Moist Moist Moist Moist Moist Moist Moist
Moist Moist Moist Moist Moist Moist Moist Moist Moist Moist
Moist Moist Moist Moist Moist Moist Moist Moist Moist Moist
Moist Moist Moist Moist Moist Moist Moist Moist Moist Moist
Moist Moist Moist Moist Moist Moist Moist Moist Moist Moist
Moist Moist Moist Moist Moist Moist Moist Moist Moist Moist
Moist Moist Moist Moist Moist Moist Moist Moist Moist Moist
Moist Moist Moist Moist Moist Moist Moist Moist Moist Moist
Moist Moist Moist Moist Moist Moist Moist Moist Moist Moist
Moist Moist Moist Moist Moist Moist Moist Moist Moist Moist
Moist Moist Moist Moist Moist Moist Moist Moist Moist Moist
Moist Moist Moist Moist Moist Moist Moist Moist Moist Moist

We hope you enjoyed this book! Check out more of the DD Games range! Make sure you like us on Facebook!

Printed in Great Britain
by Amazon

72527086R00061